ÉLÉMENTS

DE L'ART

DE LA TEINTURE.

TOME PREMIER.

ÉLÉMENTS

DE L'ART

DE LA TEINTURE.

Par M. BERTHOLLET, docteur en médecine des facultés de Paris & de Turin,
des académies des sciences de Paris,
Londres, Turin, Harlem & Manchefter.

TOME PREMIER.

PARIS,

rue Dauphine, n°. 116,

Chez FIRMIN DIDOT, libraire pour l'artillerie
& le génie.

M. DCC. XCI.

TABLE

DES MATIERES

Contenues dans cette premiere partie.

DES MATIERES. vij

Fin de la table.

Errata de la premiere partie.

PAGE	ligne	
8,	11,	danses ; *lisez* dans les.
68,	13,	la dissolution ; *lisez* la dissolution d'étain.
77,	24,	Lexis ; *lisez* Lewis.
81,	8,	cette infusion ; *lisez* son infusion.
85,	21,	se compose ; *lisez* se comporte.
114,	7,	qu'il atitre ; *lisez* qu'il attire.
124,	7,	c'est que ; *lisez* c'est ce que.
193,	6,	d'une quantité d'eau ; *lisez* d'une égale quantité d'eau.
232,	3,	des propiétés ; *lisez* des propriétés.
236,	14,	pour avoir ; *lisez* pour aviver.
244,	17,	& avec effervescence ; *lisez* & sans effervescence.
294,	25,	Jussius ; *lisez* Jussieu.
297,	22,	qu'en en prenant ; *lisez* qu'en prenant ce.

INTRODUCTION.

INTRODUCTION.

L'on remarque dans les hommes qui
font reftés le plus près de l'état de nature,
le defir d'attirer les regards de la multi-
tude ; ils en faififfent avec empreffement
les moyens : l'éclat des couleurs eft l'un
des premiers qui fe préfentent : les fau-
vages même cherchent à en impofer par
les impreffions qu'ils font fur leur peau,
par les plumes, les pierres, les coquillages
qui ont des couleurs vives. Les femmes
des Gaules fe donnoient les jours de fête
une teinte brune olivâtre par le moyen
du vouëde, & fans doute celles qui occu-
poient les premiers rangs étoient jaloufes
de cette diftinction.

Il n'eft donc pas douteux que l'origine
de l'art de la teinture ne remonte à une
haute antiquité ; & lorfque la nature a
préfenté des fubftances colorantes d'une
application facile, il a pu s'établir chez

des peuples d'une civilifation peu avancée, des efpeces de teinture qui aient été recherchées par des nations polies : ainfi les Gaulois préparoient quelques couleurs qui n'étoient pas dédaignées des Romains. Mais pour s'étendre & fe perfectionner l'art a dû fuivre les progrès de l'induftrie & ceux du luxe.

Les Égyptiens, felon Pline (1), avoient trouvé un moyen de teindre qui avoit des rapports avec celui que nous employons pour colorer les toiles peintes : les étoffes imprégnées probablement de différents mordants, étoient plongées dans un bain où elles prenoient différentes couleurs. Cependant il eft à préfumer que l'induftrie avoit peu d'activité chez un peuple où la puiffance facerdotale interdifoit par des loix tout changement dans les coutumes les plus indifférentes.

Lorfqu'on veut juger des progrès que l'efprit humain avoit faits dans l'antiquité,

____

(1) Hift. Natur. lib. xxxv, cap. ii.

l'attention fe porte fur la Grece; mais l'on y trouve une grande différence entre les beaux arts & les arts utiles ou les arts de luxe; différence dont on apperçoit la caufe. L'opinion publique mit une diftance immenfe entre ces arts; car la gloire fut attachée aux premiers, & les autres furent confondus parmi les travaux ferviles.

Cette diftinction étoit en partie fondée. Le peintre, le ftatuaire, l'architecte, imprimoient leur génie à leurs productions; leur art n'avoit pas befoin de s'accroître par de longues tentatives & de s'enrichir lentement des hafards & des expériences des fiecles. Tout à coup l'imagination put franchir les bornes du temps, & les chef-d'œuvres qui fe fuccéderent rapidement chez les Grecs devoient faire l'admiration de la poftérité.

Cependant ce peuple fi ingénieux, fi fenfible, fi fécond en grands hommes, fe laiffa féduire par fes goûts, & il diftribua fon eftime d'une maniere trop inégale.

Celui qui remportoit une victoire à la lutte, au pugilat, à la courfe, obtenoit des couronnes & jouiffoit des plus grands honneurs ; mais les arts utiles étoient avilis aux yeux mêmes des philofophes.

C'eft ici l'un des caracteres des plus frappants qui diftinguent la philofophie des anciens & celle des modernes. Les philofophes anciens, occupés fur-tout des fpéculations qui pouvoient leur attirer les hommages d'un peuple qui difpenfoit la gloire, regarderent les arts utiles comme indignes de leur attention. Ce mépris paffa chez les Romains ; & Pline, en parlant de la teinture, déclare qu'il néglige de décrire des opérations qui n'appartiennent pas à un art libéral : *Nec tingendi rationem omififfe mus , fi unquam ea liberalium artium fuiffet.*

Les philofophes modernes, féparés d'un peuple avili, dédaignés des grands dont l'orgueil fe nourriffoit de prétentions bien étrangeres aux connoiffances humaines, se sont livrés aux froides combinaisons du calcul & aux humbles détails que leur ont présenté la nature & les arts : ils ont suivi l'enchaînement des nombreuses merveilles qu'ils ont rencontrées ; ils ont reconnu dans les travaux de l'industrie ainsi que dans le commerce, la source de la prospérité du peuple, le germe d'une grande population, le principal soutien de l'agriculture. Mais c'est l'académie des sciences de Paris qui chercha la premiere à répandre les lumieres des sciences sur tous les arts, qui forma le projet d'en publier la description, & qui, au milieu d'un régime prohibitif, s'éleva à cette idée, que l'industrie nationale doit s'éclairer & s'étendre par une communication libre des procédés dont elle fait usage, & que les sacrifices qu'elle peut faire par cette publicité sont bien compensés par les avantages qu'elle en tire elle-même. Ce projet fut étendu sur tous les objets de nos connoissances par l'Encyclopédie , le monument le plus vaſte qu'on ait élevé à la philoſophie & à la raiſon.

L'art de teindre chez les Grecs n'a donc pu ſentir que foiblement l'influence des lumieres. Cependant l'activité du génie a quelque choſe de communicatif, & l'induſtrie multiplie les tentatives lorſqu'elle eſt ſollicitée par le luxe. Voyons donc à quel point le luxe s'étoit élevé dans les beaux jours de la Grece. Conſultons le ſavant tableau qu'on vient de tracer de ſes mœurs.

Une grande partie des citoyens d'Athenes paſſoit ſes jours dans différents tribunaux & recevoit une rétribution de trois oboles, c'eſt-à-dire de neuf ſous par jour; le prix moyen du ſetier de bled, dont la valeur eſt le terme de comparaiſon le plus naturel entre les différentes valeurs, étoit de treize livres, c'eſt-à-dire un peu moins que la moitié du prix moyen qu'il a chez nous : un citoyen d'Athenes

auroit donc, avec la rétribution journa-
liere qui le fixoit aux fonctions les plus
importantes de la république, acheté une
mefure de bled qu'on auroit actuellement
pour quinze fous. Il faut donc, pour nous
faire une idée, non pas de la magnificence
publique ni de celle de quelques particuliers, mais de l'aifance & du luxe de la
claffe ordinaire des citoyens, fe repréfen-
ter ce qu'ils feroient à Paris fi le falaire
des fonctionnaires publics étoit de quinze
fous par jour.

« Beaucoup d'entre eux (les Athéniens)
« alloient pieds nuds. Le peuple étoit vêtu
« d'un drap qui n'avoit reçu aucune tein-
« ture & qu'on pouvoir reblanchir. Les
« gens riches préféroient des draps de
« couleur (1); ils eftimoient ceux que l'on
« teignoit en écarlate par le moyen de
« petits grains rougeâtres; mais ils faifoient

____

(1) Voyage du jeune Anacharfis.

« encore plus de cas des teintures en
« pourpre. »

La foie, qui eft l'objet des procédés les
plus variés de la teinture, eft originaire
de la Chine; c'eft, à ce que difent les annales chinoifes, la femme de l'empereur
Hoang-Ti qui, la premiere, s'occupa de
la filature des cocons qui fe trouvent naturellement fur les arbres. La foie paffa
enfuite dans l'Indoftan, & de là dans la
Perfe, dans la Grece & à Rome; mais elle
n'y fut connue que fort tard : quelques
uns ont conclu d'un vers des Géorgiques
de Virgile (1), que l'ufage en étoit
connu à Rome dans le temps d'Augufte.
L'on trouve dans Pline des indications
moins douteufes. La foie étoit encore
à un fi haut prix du temps de l'empereur
Juftinien, qu'elle fe vendoit au poids
de l'or (2). C'eft dans ce temps que

---

(1) *Velleraque ut foliis depectant tenuia Seres.*
                                   Géorg., liv. 2.
(2) Voltaire, Effai fur les Mœurs, &c,

des moines apporterent des Indes à Conſtantinople des œufs de vers à ſoie, & qu'ils y établirent la méthode de les élever & de filer le duvet de leurs cocons (1). Il paroît que c'eſt dans le temps des croiſades que les vers à ſoie furent introduits dans l'Italie.

L'art de teindre les toiles paroît avoir été inconnu dans la Grece avant l'invaſion d'Alexandre dans les Indes. Pline rapporte qu'on y teignit les voiles de ſes vaiſſeaux de différentes couleurs. Il y a apparence que les Grecs emprunterent cet art des Indiens.

L'Inde eſt le berceau des connoiſſances & des arts, qui ſe font enſuite répandus & perfectionnés chez les autres nations. Les haſards faciles devoient bientôt ſe multiplier dans un pays qui eſt riche en productions naturelles, qui exige peu de travaux pour fournir à la ſubſiſtance de ſes

-----

(1) Procop, lib. 4, cap. 17, de Bello gothico.

habitants, & dont la population étoit favorifée par la profufion de la nature & par la
fimplicité des mœurs, avant que la tyran-
nie des conquérants qui s'y font fuccé-
dés y eût développé fes attentats. Mais les
préjugés religieux & la divifion inalté-
rable des caftes mirent promptement des
entraves à l'induftrie : les arts y ont été
ftationnaires, & il y a apparence qu'au
temps d'Alexandre, la teinture s'y eft trouvée à-peu près au même point qu'aujour-
d'hui pour les étoffes de coton, car la foie
y étoit encore inconnue ou du moins très
rare.

Les belles couleurs que l'on obferve fur
les toiles des Indes, auxquelles on donna
d'abord le nom de Perfes, parceque c'eft
par le commerce de la perfe qu'elles
nous parvinrent, pourroient faire croire
que l'art de la teinture y a été pouffé à un
grand degré de perfection ; mais on voit,
par la defcription que Beaulieu fit à la
priere de Dufay, des opérations qu'il fit

exécuter fous fes yeux (1) , que les procédés des Indiens font tellement compliqués, longs , imparfaits , qu'ils feroient impraticables ailleurs par la différence du prix de la main-d'œuvre. L'induftrie européenne les a bientôt furpaffés par la correction du deffin, la variété des nuances & la fimplicité des manipulations : fi elle n'a pu atteindre à la vivacité de deux ou trois couleurs , il ne faut l'attribuer qu'à la fupériorité de quelques fubftances colorantes ou peut-être à la longueur même & à la multiplicité des opérations.

Nous pouvons déja conjecturer que l'art de la teinture étoit beaucoup moins étendu & moins perfectionné chez les anciens que chez les modernes ; mais ils avoient une teinture qui a été ou perdue ou négligée, & qui étoit l'objet du luxe le plus recher-

─────────────────────────────

(1) Traité fur les toiles peintes , dans lequel on voit la maniere dont on les fabrique aux Indes & en Europe.

ché, c'eſt la pourpre : ſes procédés ont plus attiré l'attention des philoſophes & ils ont été mieux conſervés dans les monuments hiſtoriques que ceux des autres couleurs.

Je ne m'arrêterai pas aux contes dont on a cherché à embellir l'origine de la pourpre ; mais il y a grande apparence que la découverte s'en fit à Tyr, & qu'elle contribua beaucoup à l'opulence de cette ville célebre.

Le ſuc dont on ſe ſervoit pour teindre en pourpre étoit tiré de deux principales eſpeces de coquillage ; la plus grande portoit le nom de *pourpre*, & l'autre étoit un buccin : l'une & l'autre eſpece ſe ſub-diviſoient en pluſieurs variétés : on les diſ-tinguoit encore par la couleur plus ou moins belle qu'elles pouvoient donner, ſelon les côtes où la pêche s'en faiſoit.

Le ſuc colorant des pourpres eſt contenu dans un vaiſſeau qui ſe trouve dans leur goſier : on ne retiroit de chaque coquillage qu'une goutte de cette liqueur : on écrafoit les buccins, qui contenoient auffi une très petite quantité d'une liqueur rouge tirant fur le noir. (*Nigricantis rofæ*. Plin.)

Quand on avoit recueilli une certaine quantité de fuc colorant, on y ajoutoit une proportion de fel marin ; on faifoit macérer pendant trois jours, après lefquels on mêloit cinq fois autant d'eau : on tenoit ce mélange à une chaleur modérée, en féparant de temps en temps les parties animales qui s'élevoient à la furface. Ces opérations duroient dix jours : on effayoit enfuite avec un peu de laine blanche fi la liqueur avoit pris la nuance convenable.

L'on donnoit à l'étoffe différentes préparations avant de la teindre ; quelques uns la paffoient dans l'eau de chaux ; d'autres lui donnoient un apprêt avec une efpece de *fucus*, qui fervoit, comme quelques uns de nos mordants, à rendre la couleur plus folide. Nous ne connoiffons pas précisément la plante marine à laquelle les anciens donnoient le nom de *fucus*; mais elle étoit d'un ufage fi étendu dans leurs teintures, que ce mot étoit devenu un nom générique pour toutes fortes de fubftances colorantes. M. le Pileur d'Apligny conjecture que ce pouvoit être une efpece d'orfeille que l'on trouve fur les côtes de Candie (1); d'autres enfin préparoient le drap avec l'orcanete.

Le fuc du *buccin* ne donnoit pas par lui-même une couleur folide, mais il augmentoit l'éclat de la couleur de l'autre coquillage. La pourpre de Tyr fe faifoit par deux opérations : on commençoit par teindre avec le fuc de la pourpre ; après cela on donnoit une feconde teinture avec le fuc du buccin ; d'où vient que Pline lui donne le nom de *purpura dibapha*. Dans d'autres procédés on mêloit le fuc des

____

(1) Effai fur les moyens de perfectionner l'art de la teinture.

deux efpeces de coquillage ; par exemple, pour 50 livres de laine, on prenoit 200 livres de fuc de buccin & 100 livres de celui de pourpre : on obtenoit par là une couleur d'améthifte ; quelquefois on donnoit un fond avec le *coccus*, qui eft notre kermès, & après cela on teignoit avec le fuc de la pourpre ; enfin on réunifloit quelques unes des méthodes précédentes, & par là on obtenoit une grande variété de couleurs de pourpre, que l'on diftinguoit par différents noms ; celle de Tyr avoit, felon Pline, la couleur du fang coagulé ; la pourpre améthifte avoit celle de la pierre de ce nom : une autre efpece reffembloit à la violette, &c. (1).

Il paroît que quelques efpeces de pour-

---

(1) Ceux qui veulent prendre des connoiffances plus étendues fur la pourpre des anciens peuvent confulter parmi les modernes les ouvrages fuivants :

Fabii Colomne lyncæy purpura ; G. *gottlob*

pre confervoient très long-temps leur cou-leur ; car Plutarque raconte, dans la vie d'Alexandre , que les Grecs trouverent dans le tréfor du roi de Perfe une grande quantité de pourpre , dont la beauté n'étoit pas altérée , quoiqu'elle eût 190 ans d'ancienneté.

La très petite quantité de liqueur que l'on retiroit de chaque coquillage & la longueur du procédé de teinture don-noient à la pourpre un fi haut prix, que l'on ne pouvoit avoir, du temps d'Augufte, pour mille deniers (environ 700 livres de notre monnoie), une livre de laine teinte en pourpre de Tyr.

Les prêtres, qui chercherent toujours à tirer avantage de ce qui peut faire im-

---

Richter progr. ; *de Purpuræ antiquo & novo pig-mento* ; *Reaumur mém. de l'acad.* 17˙1;

Et fur-tout un favant ouvrage de M. Bifchoff, qui a pour titre : *Verfuche einer gefchicte der far-berkunft, &c.* 1780.

preffion

preſſion ſur le peuple , prêterent dans les premiers temps un caractere ſacré à la pourpre. C'étoit une couleur agréable à la Divinité & qui devoit être réſervée à ſon culte; & quoique la pourpre ſoit perdue depuis long-temps, l'orgueil du nom s'eſt conſervé dans notre hiérarchie ſacerdotale.

La pourpre fut preſque par-tout un attribut de la haute naiſſance & des dignités. Elle ſervoit de décoration aux premieres magiſtratures de Rome; mais le luxe qui fut porté à l'excès dans cette capitale du monde, en rendit l'uſage commun aux perſonnes opulentes , juſqu'à ce que les empereurs ſe réſervaſſent le droit de la porter : bientôt elle devint le ſymbole de leur inauguration. Ils établirent des officiers chargés de ſurveiller cette teinture dans des atteliers où on la préparoit pour eux ſeuls , principalement en Phénicie. La peine de mort fut décernée contre tous ceux qui auroient l'audace de porter la pourpre, même en la couvrant d'une autre teinture.

Tome I.

b

La punition tyrannique , décernée contre ce bizarre crime de lese-majesté fut sans doute la cause qui fit disparoître l'art de teindre en pourpre, d'abord en Occident, & beaucoup plus tard dans l'Orient, où cet art étoit encore en vigueur dans le onzieme siecle.

L'on retiroit du *coccus* , que nous connoissons sous le nom de kermès , & dont on peut voir l'histoire (section 3 , partie 2), une couleur qui n'étoit guere moins estimée que la pourpre , & que l'on allioit quelquefois avec celle-ci , comme on l'a dit ci-devant. Pline rapporte qu'elle étoit employée pour les vêtements des empereurs. On lui donnoit ordinairement le nom d'écarlate , mais on la confondoit quelquefois avec la pourpre.

Il paroît que ce n'est que dans le siecle d'Alexandre & de ses successeurs que les Grecs chercherent à donner quelque perfection au noir, au bleu, au jaune, au verd.

Chez les Romains les nouvelles mariées portoient , dès les premiers temps, un

voile jaune, & cette couleur étoit réfer-
vée aux femmes.

Dans les jeux du cirque il fe formoit
une efpece de quadrille dont les divifions
étoient diftinguées par le verd, *color pra-
finus*, l'orangé, *rufatus*, le cendré, *vene-
tus*, & le blanc.

L'on peut juger des qualités de ces couleurs par les fubftances dont on faifoit
ufage. Comme M. Bifcoff a fait des recherches très étendues fur cet objet, je vais
rapporter d'après lui l'énumération des
ingrédients qui entroient dans l'art de la
teinture de ces temps, indépendamment
du coccus & des coquillages de la pourpre.

1°. L'alun; mais l'on peut voir dans la
premiere partie de cet ouvrage (fection 3),
que très probablement les anciens ne con-
noiffoient pas notre alun dans fon état de
pureté ;

2°. L'orcanete. Suidas rapporte que
cette fubftance fervoit auffi de fard aux
femmes ;

3°. Le sang des oiseaux, qui fut employé par les Juifs;

4°. Le fucus. On préféroit celui de Crete; on s'en servoit ordinairement pour donner un fond aux bonnes couleurs;

5°. Le genêt;

6°. La violette. Les Gaulois en préparoient une couleur qui resembloit à une espece de pourpre;

7°. *Lotos medicago arborea* (luzerne en arbre); l'écorce servoit à teindre les peaux, & la racine étoit employée dans la teinture de la laine;

8°. L'écorce de noyer & le brou de noix;

9°. La garance. L'on ne sait si la garance des anciens étoit la même plante que la nôtre ou quelque autre racine de la même famille;

10°. Le vouëde (*glastum*). Cette plante étoit certainement employée par les anciens; mais il est douteux qu'ils lui aient donné les mêmes préparations que nous.

Quoique les anciens aient pu faire usage

de quelques fubftances dont aucun fouvenir n'eft confervé, il eft facile de voir que les acquifitions que nous avons faites, furtout depuis la découverte de l'Amérique, nous donnent une grande fupériorité pour plufieurs couleurs ; mais les regrets que l'on a eus fouvent pour la perte de la pourpre font-ils bien fondés? n'avons-nous pu atteindre à la beauté de cette couleur fi fameufe?

Les coquillages qui fourniffoient la liqueur colorante de la pourpre exiftent probablement avec autant d'abondance qu'autrefois ; ils ont été fuffifamment défignés pour qu'on puiffe les reconnoître : en effet Thomas Gage rapporte qu'on trouva près de Nicoya, petite ville efpagnole de l'Amérique méridionale, des coquillages qui avoient toutes les propriétés décrites par Pline & les autres anciens ; il paroît même qu'on fait quelque ufage de ces coquillages pour teindre le coton fur les côtes de Guagaquil & de Guatimala (1). Cole en découvrit en 1686 sur les côtes d'Angleterre ; Plumier en a trouvé une espece aux Antilles ; Reaumur a fait plusieurs expériences sur les buccins qu'il a trouvés sur les côtes du Poitou ; Duhamel en a aussi fait plusieurs sur le suc colorant du coquillage qui doit porter le nom de pourpre, & qu'il a trouvé abondant sur les côtes de Provence. Il a observé que ce suc ne prend la couleur pourpre que par l'action de la lumiere, ainsi que Reaumur l'avoit déja remarqué dans le suc colorant du buccin ; que ce suc, d'abord blanc, prend une couleur verte jaunâtre qui se fonce en tirant au bleu ; qu'enfin on le voit rougir, & qu'en moins de cinq minutes il devient d'une couleur pourpre très vive & très foncée (2). Or la pourpre des anciens avoit ces caracteres.

De plus nous avons une description

-----

(1) Hist. philosoph. & polit. du comm. des Indes, liv. 6.

(2) Mém. de l'acad. 1736.

très détaillée de la maniere dont se faisoit
la pêche des coquillages qui servoient à la
pourpre, dans un ouvrage d'un témoin ocu-
laire, d'Eudocie Macrembolitisse, fille de
l'empereur Constantin VIII., qui vivoit au
onzieme siecle (1).

Si nous négligeons de nous procurer
la pourpre, si l'on n'a pas cherché à profiter des épreuves que quelques modernes
ont faites sur cette couleur, c'est que nous
avons acquis des couleurs plus belles &
beaucoup moins cheres. Cette opinion ne
m'est pas particuliere (2).

En effet le kermès donnoit une couleur
qui étoit estimée des anciens presque à l'égal

---

(1) Eudocie Macrembolitisse fut mariée à un
Constantin, & après sa mort à Romain III, qui
fut élu empereur en 1068. Son ouvrage se trouve
dans un recueil publié par M. d'Anse de Villoi-
son, sous le titre d'*Anecdota græca e regiaparisiensi
& e veneta S. Marci bibliothecis deprompta*, *T. I*,
1781.

(2) Bischoff versuche, &c.; Goguet, de l'origine
des loix, des arts & des sciences, 2ᵉ partie, liv. 2.

de la pourpre, & qui concouroit à celle qu'on diſtinguoit par le nom de *color hyſginus*. Or nous ſavons employer le kermès d'une maniere probablement plus avantageuſe que les anciens, parceque nous avons un alun pur qui diſpoſe l'étoffe à recevoir une couleur plus belle & plus ſolide; & cependant nos teinturiers ont été obligés de renoncer preſque entièrement à ſon uſage, malgré la ſolidité de ſa couleur, parcequ'elle ne peut, relativement à la beauté, ſoutenir la comparaiſon de celles qu'on obtient de la cochenille.

Si nous ſuppoſons que la légere différence qui pouvoit ſe trouver entre la couleur du kermès & celle de la pourpre de Tyr eſt compenſée par l'avantage que nous tirons de notre alun, nous pourrons regarder cette pourpre ſi précieuſe, que les Céſars s'étoient réſervée ſous peine de mort, comme ſemblable à ce rouge de ſang que l'on voit dans les anciennes tapiſſeries, pour leſquelles on a fait uſage du kermès.

La fuppofition que la couleur que nous tirons du kermès eft préférable à celle que les anciens en obtenoient, peut être fondée fur le témoignage même de Pline ; car il infinue qu'elle a peu de folidité, & la couleur que l'on donne par le moyen du kermès à la laine qui a été préparée avec l'alun, eft de la plus grande folidité.

Le favon étoit inconnu aux anciens (1); & cette fubftance fi utile doit nous donner une fupériorité dans le blanchiment & dans quelques parties des teintures. Ils fuppléoient à fon ufage pour dégraiffer les laines & pour blanchir les toiles, par une plante que Pline nomme *radicula*, qui étoit appellée *ftruthion* par les Grecs, & que quelques uns regardent comme notre faponaire, & par une autre plante que Pline défigne comme une efpece de pavot. Homere nous peint la princeffe Naufica & fes fuivantes foulant aux pieds dans des

______

(1) Goguet., ibid, premiere partie, liv. 2.

foſſes leurs habillements pour les blanchir. D'autres témoignages indiquent qu'on y mêloit des cendres : on faiſoit encore uſage de quelques terres bolaires.

Nous avons acquis du Nouveau Monde pluſieurs ſubſtances tinctoriales, la cochenille, le bois de Bréſil, le campêche, le rocou. Nous devons ſur-tout la ſupériorité de nos teintures à la préparation de l'alun & à la diſſolution d'étain, qui prête tant d'éclat à pluſieurs ſubſtances colorantes. La ſoie, qui eſt devenue ſi commune chez nous & qui prend des couleurs ſi vives & ſi brillantes, le mouvement rapide du commerce, qui met à la portée du peuple même la jouiſſance des productions de la Chine & des Indes, l'induſtrie active, éclairée, aiguiſée par la jalouſie des différents peuples de l'Europe qui cherchent à contre-balancer leurs moyens de puiſſance; toutes ces circonſtances mettent un intervalle immenſe entre le luxe le plus familier parmi nous & celui de l'opulence de quelques particuliers chez les anciens :

mais avant d'acquérir cette supériorité, l'Europe a éprouvé toutes les dévastations de la barbarie.

Au cinquieme siecle tous les arts s'éteignirent dans l'Occident; bientôt on n'y trouva presque plus de traces de lumiere, de raison, d'humanité, d'industrie. Quelques arts déchus se conserverent seulement en Italie. *Muratori* (1) cite un manuscrit du huitieme siecle, dans lequel on trouve quelques descriptions de teintures, surtout pour les peaux, & quelques procédés des autres arts; mais le latin, qui est presque inintelligible, & quelques lacunes empêchent qu'on ne puisse se faire une idée juste de ces procédés (2).

---

(1) Diff. de textrina & vestibus sæculor. rudium. antiq. ital., vol. II.

(2) Je citerai littéralement une description de l'alun, qui paroît confirmer qu'on n'employoit que des stalactites alumineuses ou une terre volcanique imprégnée d'alun.

DE ALUMEN.

Alumen autem metallum, est terra floriens de

Les arts fe conferverent mieux dans l'Orient, & l'on en tira jufqu'au douzieme fiecle les objets de luxe que quelques grands pouvoient fe procurer. Pendant les croifades les Vénitiens fonderent leur puiffance fur la manie barbare de ces temps; leurs flottes fe chargerent des approvifionnements de nos fatales émigrations : leur commerce s'enrichit; les arts s'établirent chez eux & s'éclairerent de l'induftrie des Grecs; de là ils fe propagerent dans les autres parties de l'Italie. En 1338 l'on comptoit à Florence 200 manufacturiers qui, dit-on, fabriquoient de 70,000 à 80,000 pieces de drap, qui faifoient un objet de commerce de 1200,000 écus d'or.

L'on rapporte environ à l'an 1300 la découverte de l'orfeille, que fit par hafard un négociant de Florence ; ayant remarqué que l'urine donnoit une belle couleur à une efpece de mouffe, il fit des

---

eritarin. Eritarin terra eft alba, facilis ad pifandum.

tentatives & apprit à préparer l'orſeille. Il tint cette découverte ſecrete pendant long-temps. Ses deſcendants, dont il reſte encore une branche, au rapport de Dominique Manni, en ont retenu le nom de *Ruccelai*, du mot eſpagnol *oreiglia* que portoit l'eſpece de mouſſe.

Les arts continuerent à être cultivés en Italie avec un ſuccès qui s'accrut pendant long-temps. En 1429 parut à Veniſe le premier recueil des procédés employés dans les teintures ſous le nom de *Mariegola del' arte de i tentori :* il s'en fit en 1510 une ſeconde édition fort augmentée. Un certain *Giovan Ventura Roſetti* forma le projet de donner plus d'étendue & d'utilité à cette deſcription : il voyagea dans les différentes parties de l'Italie & des pays voiſins où les arts avoient commencé à renaître, pour s'inſtruire des procédés qu'on y ſuivoit ; & il donna ſous le nom de *Plictho* un recueil qui, ſelon M. Biſchoff, eſt le premier où l'on ait rapproché les différents procédés, & qui doit être regardé comme le premier mobile de la perfection à laquelle a été porté depuis lors l'art de la teinture (1).

Il eſt à remarquer que, dans l'ouvrage de Plictho, il n'eſt encore parlé ni de la cochenille ni de l'indigo; de ſorte qu'en 1548, ces deux ſubſtances colorantes n'étoient probablement pas encore en uſage dans l'Italie. Pline parle à la vérité d'une ſubſtance qui venoit des Indes & à laquelle on donnoit le nom d'*indicum*; mais on ne s'en ſervoit que pour la peinture. Il eſt cependant très probable

---

(1) *Plictho de l'arte de tentori, che inſegna tenger panni, telle banbaſi & ſede, ſi per l'arte magiore, come per la commune vinczia, 1548.*

Cet ouvrage a été traduit en françois ſous le titre de *Suite du teinturier parfait, ou l'art de teindre les laines, ſoies, fils, peaux, poils, plumes, &c. comme il ſe pratique à Veniſe, Génes, Florence & dans tout le Levant, & la maniere de paſſer en chamois toute ſorte de peaux; traduite de l'italien.* Paris 1716.

que les Indiens en faisoient usage dans la teinture ; il paroît même que le premier qui ait été employé en Europe nous a été apporté des Indes orientales par les Hollandois. La culture s'en établit d'abord au Mexique, & de là dans d'autres parties de l'Amérique, où il a acquis des qualités supérieures à celui qui nous vient encore des Indes.

Pendant long-temps l'Italie & particulièrement Venise posséderent presque exclusivement l'art des teintures, qui contribuoit à la prospérité de leurs manufactures & de leur commerce ; mais peu à peu cet art s'introduisit en France. Gilles Gobelin, qui avoit eu communication du procédé de la véritable écarlate, fit un établissement dans le lieu qui porte son nom. On regarda cette entreprise comme si téméraire, qu'on donna à l'établissement le nom de *Folie Gobelin*. Le succès étonna tellement nos aïeux qu'ils crurent que Gobelin avoit fait un pacte avec le diable.

La découverte de la teinture en écarlate peut être regardée comme l'époque la plus signalée de l'art de la teinture. L'on a vu que les anciens avoient donné le nom d'écarlate à la couleur qu'ils obtenoient du kermès, & qui étoit fort éloigné de la beauté de celle que nous désignons par là.

Des Espagnols ayant observé que les habitants du Mexique se servoient de la cochenille pour colorer leurs maisons & teindre leur coton, ils informerent le ministere de la beauté de cette couleur, & Cortès reçut, en 1523, ordre de faire multiplier l'insecte précieux qui la produisoit; cependant la couleur que donne naturellement la cochenille est un cramoisi assez sombre.

Peu de temps après que la cochenille fut connue en Europe, un chymiste allemand, nommé *Kuster* ou *Kuffler, Kepfler*, trouva le procédé de notre écarlate par le moyen de la dissolution d'étain; il porta son secret à Londres en 1643. Un peintre flamand,

nommé

nommé *Kloeck* ou *Gluck*, se procura ce sècret & le communiqua à Gobelin : ce procédé se répandit ensuite dans toute l'Europe, Kloeck avoit voyagé dans l'Orient, qui, depuis les Grecs, avoit conservé un reste d'industrie, & il naturalisa en Flandre l'art des teintures sur la laine & sur la soie, qui y fleurit pendant long-temps. M. Francheville fixe la mort de cet homme si utile à sa patrie vers l'an 1550 (1).

L'usage de l'indigo, qui a été encore une grande acquisition pour l'art de la teinture, eut plus de peine à s'établir que celui de la cochenille : il fut sévèrement interdit en Angleterre sous le regne d'Elisabeth, de même que le bois de campêche, qu'il étoit ordonné de brûler lorsqu'on le trouvoit dans un attelier. Cette prohibition ne fut levée que sous Charles II.

L'on proscrivit pareillement en Saxe l'usage de l'indigo : on le traita dans l'ordonnance qui fut rendue contre lui & qui

____

(1) Mém. de Berlin 1767.

Tome I   c

ıappelle l'arrêt contre l'émétique, de couleur corrosive, d'*aliment du diable. Fresende Teufels* (1).

C'est un grand exemple des abus dans lesquels peut tomber une administration peu éclairée & facile à se laisser égarer par les suggestions des intérêts particuliers Les teinturiers en bleu, qui étoient en possession de se servir du pastel & du vouëde, représentoient que l'indigo feroit tomber le commerce de ces deux substances qui étoient des productions du pays. Ce motif, qui seroit encore aujourd'hui spécieux pour plusieurs personnes, détermina facilement à porter une interdiction, qui devoit être bientôt éludée sous peine de payer un tribut à l'industrie des autres nations. Le préjugé contre l'indigo se communiqua aussi à la France, & l'on défend dans l'instruction de Colbert d'en mettre dans les cuves de pastel au-delà d'une proportion déterminée.

Colbert donna à l'industrie françoise, qui étoit demeurée languissante sous les

____

(1) Bischoff versuche, &c.

miniſteres orageux de Richelieu & de Mazarin, un eſſor qui l'éleva bientôt au deſſus des progrès des autres nations : il appella les plus habiles artiſtes, il récompenſa tous les talents, il établit pluſieurs manufactures ; & il eſt à remarquer que celles de Vanrobais & de Sedan furent déſignées dans les lettres-patentes qui leur furent accordées, ſous le nom de draps fins, façon de Hollande & d'Angleterre : il fit publier en 1672 une inſtruction pour les teintures (1), laquelle mérite attention.

Le légiſlateur préſente d'abord les motifs qui doivent donner de l'importance à l'objet dont il va s'occuper : « Si les manu-

____

(1) Inſtruction générale pour la teinture des laines & manufactures de laine de toutes nuances & pour la culture des drogues ou ingrédients qu'on emploie. Cet ouvrage a été réimprimé en 1708, ſous le titre ſuivan : t Le Teinturier parfait, ou inſtruction nouvelle & générale pour la teinture des laines & manufactures de laine de toutes couleurs & pour la culture des drogues ou ingrédients qu'on y emploie.

« factures de foie, laine & fil font celles
« qui fervent le plus à entre enir & faire
« valoir le commerce, la teinture qui
« leur donne cette belle variété de cou-
« leurs qui les fait aimer & imiter ce
« qu'il y a de plus beau dans la nature,
« eft l'ame, fans laquelle ce corps n'auroit
« que bien peu de vie.

« La laine & la foie, qui montreroient
« plutôt dans leur couleur naturelle la
« rufticité de l'âge, que l'efprit de l'h mme
« & la politeffe du fiecle, n'auroient qu'un
« médiocre commerce, fi la teinture ne
« leur donnoit des agréments qui les font
« rechercher & defirer, même par les na-
« tions les plus barbares.

« Toutes les chofes vifibles fe diftin-
« guent ou fe rendent defirables par la
« couleur ; & il ne faut pas feulement que
« les couleurs foient belles pour donner
« le cours au commerce des étoffes, mais
« il faut encore qu'elles foient bonnes,
« afin que leur durée égale celle des mar-
« chandifes où elles s'appliquent. »

Mais, en plaçant à côté de plufieurs réglemens falutaires l'inftruction pour les cultivateurs & pour les artiftes, Colbert paya un tribut à l'efprit féodal qui, en mulpliant par des vues fifcales, les en- traves du commerce, de l'induftrie & de l'agriculture, avoit gravé prefque dans toute l'Europe l'habitude de regarder ces entraves comme indifpenfables. Au lieu de s'en tenir aux mefures qui devoient fervir de garantie à la fidélité des fabrica- tions & à la bonté des couleurs, au lieu de développer le germe de l'efpece d'hon- neur qui eft propre au commerce, & dont la confiance publique eft l'idole, il pouffa le régime prohibitif au point d'exiger que la teinture des draps noirs fût commencée chez les teinturiers en grand teint, & achevée chez ceux en petit teint. Les pre- miers ne pouvoient avoir chez eux qu'un certain nombre d'ingrédients, & les der- niers ne pouvoient en tenir qu'un certain nombre d'autres; ni les uns ni les autres ne pouvoient avoir du bois de Bréfil, &c.

Il eſt vrai que les effets funeſtes de ces prohibitionsétoient tempérés par la facilité de s'y ſouſtraire , & par les récompenſes qui attendoient ceux qui, par des épreuves particulieres, faiſoient faire quelques progrès à l'art, & dont les découvertes devoient enſuite être communiquées au public & produire des modifications dans les réglements. L'induſtrie françoiſe perdit ſa prééminence par le forfait de la révocation de l'édit de Nantes, qui la diſperſa dans le reſte de l'Europe en portant la déſolation dans nos atteliers.

Depuis cette époque, la partie de l'adminiſtration qui a été chargée de la ſurveillance des arts & des manufactures, s'eſt conſtamment occupée des moyens de réparer nos pertes & de faire fleurir notre induſtrie : elle a particulièrement employé celui qui, avec les bonnes loix, eſt le plus efficace de tous, l'inſtruction & les lumieres, qu'elle a cherché à répandre.

Dufay, Hellot, Macquer, ont ſucceſſivement été chargés de s'occuper de la perfection de l'art de la teinture, & on leur doit des travaux précieux. Dufay fut le premier qui se forma des idées saines, quoiqu'incompletes, sur la nature des parties colorantes, & sur la force par laquelle elles adherent aux étoffes. Il examina avec sagacité quelques procédés, & il établit les épreuves les plus sûres que l'on put trouver alors pour déterminer d'une maniere prompte & usuelle la bonté d'une couleur. Hellot publia une description méthodique des procédés que l'on exécute dans la teinture en laine, laquelle est encore le meilleur traité qu'on ait sur cet objet. Macquer a donné une description exacte des procédés qu'on exécute sur la soie : il a fait connoître les combinaisons du principe colorant du bleu de Prusse ; il a cherché à en appliquer l'usage à la teinture ; il a donné un procédé pour communiquer à la soie des couleurs vives par le moyen de la cochenille.

Les soins de l'administration ont eu le succès qu'ils méritoient au jugement des

étrangers. M. Anderſon attribue à la per-
feĉtion des teintures la ſupériorité que quelques manufaĉtures françoiſes ont conſervée ſur celles des nations qui poſſedent
cependant de plus belles laines (1); &
M. Home s'explique ainſi : « C'eſt à l'aca-
« démie des ſciences que les François doi-
« vent la ſupériorité qu'ils ont en pluſieurs
« arts, & ſur-tout dans celui de la tein-
« ture » (2) : mais pluſieurs ſavants diſtin-
gués ont ſuivi avec un égal ſuccès l'exemple donné par l'académie des ſciences.

Macquer devoit encore publier un traité
général des teintures, dont il avoit déja
donné le proſpeĉtus en 1781 ; mais la lan-
gueur qui nous annonça long-temps ſa
perte, l'empêcha de s'en occuper : il mou-
rut en 1784, avant d'avoir rien pu rédiger.
Je le remplaçai dans ſa place de confiance
auprès de l'adminiſtration du commerce,
& je fus chargé de m'occuper des arts

---

(1) Hiſtory of commerce.
(2) Eſſai ſur le blanchiment des toiles.

chymiques, & particulièrement de l'art de la teinture. Dès lors prefque toutes les recherches que j'ai confignées dans les mémoires de l'académie, dans le journal de phyfique & dans les annales de chymie, ont des rapports plus ou moins immédiats avec la théorie & la pratique des arts.

La chymie éprouvoit dans toutes fes parties une révolution qui, en fubftituant des vérités de fait aux hypothèfes dont il avoit fallu fe contenter jufqu'alors, devoit s'étendre fur l'explication d'un grand nombre de phénomènes obfcurs que la nature nous préfente ou que les arts font éclore.

L'art de la teinture eft peut-être celui qui exigeoit pour fa théorie que la phyfique eût fait le plus de progrès, parceque c'eft celui qui préfente le plus grand nombre de phénomènes à analyfer, de variations mobiles à déterminer, de rapports à établir avec l'air, la lumiere, la chaleur & plufieurs autres agents dont on n'avoit jufqu'à préfent qu'une connoiffance trop imparfaite.

Quoique les travaux des favants que j'ai nommés & ceux de plufieurs autres François ou étrangers euffent été fort utiles, foit pour déterminer les circonftances effentielles des procédés, & par là les rendre plus méthodiques & plus fimples, foit pour faire l'analyfe de plufieurs fubftances colorantes & multiplier les reffources de l'art, foit enfin pour découvrir la véritable caufe de quelques phénomènes partiels; toutefois il n'avoit pas été poffible de former une théorie qui liât toutes les parties de l'art, qui ne laiffât même beaucoup à defirer dans chaque explication particuliere, & fur-tout qui réunît fous un même point de vue les procédés de l'induftrie & les opérations de la nature.

J'ai cherché à me placer entre les phyficiens & les artiftes : j'ai d'abord préfenté aux premiers les points de contaft entre les phénomènes que préfente l'art de la teinture, ceux que l'on obferve dans la nature & les principes qu'ils ont établis par leurs découvertes : j'ai tâché de rappe-

ler toutes les combinaisons qui se produisent dans la formation des couleurs aux
loix des affinités, & tous les changements,
toutes les altérations qu'éprouvent les molécules colorantes au rapprochement des
principes qui se trouvent dans la combinaison qui s'est formée : je ne fais dans
cette distinction que considérer deux effets
des affinités ; l'un par lequel une premiere
combinaison est produite, l'autre par lequel les principes qui entrent dans cette
combinaison obéissent à leurs affinités mutuelles. Le premier est analogue à la formation des sels neutres ; le second l'est à la
combustion, à la putréfaction & à plusieurs
autres opérations de la nature. Ils trouveront dans la seconde partie de mon traité
le précis d'un art très étendu, qui mérite
toute leur attention & qui présente encore
à leur sagacité un grand nombre de recherches intéressantes. Ils pardonneront si je
rappelle souvent des objets qui leur sont
familiers, si je ramène quelquefois les
mêmes idées ; si, en faveur de ceux qui

ne font pas habitués aux fpécula ions des
fciences, j'infifte fur des développements
qui leur feroient inutiles.

J'ai préfenté aux artiftes les principes
de chymie qui doivent fervir à expliquer les
phénomènes de la teinture, ou plutôt j'ai
cherché à leur faire fentir combien la
connoiffance des principes de la chymie
leur étoit néceffaire : j'ai fixé leur attention
fur les objets qui avoient des rapports
immédiats avec leur art; je leur ai tracé
une efquiffe des opérations qui fervent à
la préparation des fubftances dont ils font
ufage, pour les engager à fe mettre en
état de faire eux-mêmes celles dont ils
ont befoin, quand ils peuvent le trouver
avantageux & pour leur donner une notion
exacte de la nature & des propriétés de
ces fubftances. Mais ils doivent m'excufer
fi, en cherchant à donner de la précifion
aux procédés que j'ai décrits, j'ai omis
quelques circonftances effentielles, fi je
n'ai pas toujours diftingué les meilleurs,
s'il m'en eft échappé d'intéreffants. Le myf-

tere que l'on fait dans la plupart des atteliers, eft un grand obftacle pour ceux qui travaillent à éclairer les arts.

Les uns & les autres trouveront en moi des difpofitions franches à profiter de leurs lumieres & à rectifier les erreurs qui ont dû m'échapper. Qu'ils me regardent comme un collaborateur qui voudroit refferrer les liens qui doivent les unir; comme un ami de la raifon, qui, dans la retraite, jouit des progrès des lumieres, quel que foit le foyer d'où leurs rayons fe répandent. En accordant de l'indulgence à mes foibles effais, qu'ils confiderent en moi le civifme des fciences & des arts.

Les expériences de la teinture préfentent des difficultés qui leur font particulieres. Comme la beauté d'une couleur tient quelquefois à une légère circonftance qui décide une nuance plus vive ou plus fombre, l'on ne trouve fouvent point de rapport fatisfaifant entre un effai fait en petit & une opération faite en grand ; l'évaporation proportionnellement beau-

coup plus prompte dans un petit vaiſſeau que
dans une grande chaudiere, les variations
du degré de chaleur, l'égalité de couleur plus
difficile à obtenir, l'alternative plus inégale
de l'action du bain & de celle de l'air,
la précipitation moins facile des parties
groſſieres, font qu'il eſt très difficile d'appliquer les eſſais qui ſont faits avec le plus
de ſoin aux opérations en grand. Auſſi ai-je
plutôt indiqué que propoſé les changements qu'on pouvoit ſe permettre dans les
procédés qui ſont en uſage. J'ai décrit ceux
qu'on peut regarder comme authentiques,
ou qui ſe trouvent dans les ouvrages qui
méritent le plus de confiance, en me bor-
nant aux circonſtances eſſentielles. La deſcription des procédés eſt précédée des expériences chymiques qui donnent une connoiſſance de la nature des ſubſtances colorantes qui y ſont employées, & particulièrement des effets qu'y peuvent produire
les ingrédients qui ſervent ou qui peuvent
ſervir d'intermèdes : elle eſt ſuivie ordinairement d'obſervations ſur les circonſtances

les plus frappantes des opérations, fur les différences qu'elles exigent, felon le but qu'on fe propofe, ou felon la nature de l'étoffe, & fur l'application des principes établis dans la premiere partie.

L'on voit par là que j'ai craint d'induire en erreur les artiftes, en leur confeillant prématurément de faire des changements dans leurs procédés : mais mon but a été de les mettre en état de fe guider dans les effais, de fe rendre raifon des phénomènes de leur art, de choifir parmi les obferva-tions, & d'introduire graduellement dans leurs atteliers des méthodes plus fimples, plus parfaites, plus variées.

En vain aurois-je conçu l'efpérance de voir ceux qui pratiquent les arts s'éclairer de cette phyfique qui doit leur apprendre à remonter aux caufes, à en calculer pour ainfi dire les effets, fi leur éducation or-dinaire [ne devoit pas changer. Cette ré-forme dans nos mœurs eft tellement pré-parée par la philofophie, tellement con-forme à l'ordre de chofes qui s'établit fur les ruines des préjugés, tellement avancée par des exemples célebres, fur-tout chez des voifins qui, jufqu'à ces derniers temps, nous ont précédés dans la route de la raifon, que je ne crains pas de m'être fait illufion. La carriere des arts doit s'attirer une confidération proportionnée à fon utilité & aux lumieres qu'elle exige, fur-tout lorfque les preftiges de la vanité, qu'on auroit pu prendre pour le caractere de la nation françoife, feront entièrement évanouis.

ÉLÉMENTS

ÉLÉMENTS

DE L'ART
DE LA TEINTURE.

PREMIERE PARTIE.
De la Teinture en général.

PREMIERE SECTION.

Des propriétés générales des substances colorantes.

CHAPITRE PREMIER.

Des parties colorantes & de leurs affinités.

La théorie physique des couleurs est étrangere à l'objet de cet ouvrage : je me permettrai seulement, avant de considérer les caracteres des sub-

ftances colorantes, quelques obfervations fur l'action par laquelle les molécules des corps abforbent
quelques rayons de lumiere, en tranfmettent ou
réfléchiffent quelques autres, & donnent par là
naiffance aux couleurs.

Newton a démontré, dans fon Optique, que
les parties tranfparentes réfléchiffent, felon la différence de leur épaiffeur & de leur denfité, les
rayons d'une couleur, & tranfmettent ceux d'une
autre efpece.

M. de Laval (1) a cherché à étendre les preuves
de la théorie de Newton à toutes les couleurs des
corps conftamment colorés, & il a raffemblé un
grand nombre d'expériences pour prouver que la
différence des couleurs dans ces corps eft dans un
rapport exact avec la denfité de leurs parties con-
ftituántes.

L'application des belles expériences fur les
couleurs réfléchies par les lames minces & tranfparentes, aux corps conftamment colorés, eft
fondée fur des analogies qui n'avoient pas
échappé au génie de Newton; mais l'on ne voit
pas encore qu'il foit poffible d'en acquérir des

____

(1) Recherches expérimentales des changemens de
couleurs dans les corps opaques & naturellement colorés.

preuves directes & d'en rien déduire pour chaque couleur en particulier; car, 1°. les mêmes couleurs fe produifent fucceffivement par des lames dont l'épaiffeur s'accroît dans un ordre progreffif; de forte que l'on ne peut, d'une efpece de couleur produite par une lame tranfparente, conclure quelle eft l'épaiffeur qui l'a produite parmi celles qui peuvent la donner.

2°. La ténuité des molécules des corps & leur denfité font deux éléments qui, felon Newton, fe combinent dans les lames tranfparentes pour produire les couleurs; & les lames de l'eau, de l'air, du verre, doivent avoir des épaiffeurs différentes pour réfléchir la même couleur. Or nous n'avons aucun moyen de déterminer ni la ténuité ni la denfité des molécules des corps; la pefanteur fpécifique ne peut les indiquer, puifque des petites molécules avec des pores très nombreux, peuvent donner la même pefanteur fpécifique qu'une étendue plus confidérable des pores & un nombre moins grand de molécules plus groffes.

Auffi lorfque M. de Laval prétend que l'ordre des couleurs que les métaux donnent au verre eft relatif à leur pefanteur fpécifique, il fe réfute lui-même par les faits qu'il rapporte; car il obferve que l'on peut faire des verres jaunes par le moyen du fer, du plomb & de l'argent, dont la

pefanteur fpécifique eft très différente. Le mercure combiné avec une petite quantité d'oxygène
eft noir , & il prend une couleur rouge en fe
combinant avec une plus grande quantité. Le fer
paffe prefque par toutes les couleurs , felon la
quantité d'oxygène qui fe combine avec lui ; &
les changements de gravité fpécifique qui réfultent
de ces proportions d'oxygène font très petits &
beaucoup moins confidérables que les différences
qui fe trouvent entre les gravités fpécifiques de
ces métaux.

Le même auteur prétend que les alkalis verdif-
fent plufieurs couleurs bleues végétales , parcequ'ils augmentent la denfité de leurs molécules,
& que les acides les changent en rouge , parcequ'ils les atténuent en les diffolvant ; mais les
alkalis diffolvent auffi la plupart des parties colorantes , & les rendent beaucoup plus mifcibles à
l'eau qu'elles ne le font naturellement : ils devroient donc agir d'une maniere analogue à celle
des acides : de plus, les acides diffolvent des parties
colorantes bleues fans changer leur couleur ; ainfi
la diffolution de l'indigo par l'acide fulfurique ,
retient fa couleur bleue , quoiqu'on l'étende d'une
très grande quantité d'eau , & , felon la maniere
de voir de M. de Laval, la denfité des molécules
bleues doit éprouver alors des changements confi-

dérables. Enfin plufieurs fubftances végétales paffent, par le moyen d'un acide très foible ou d'une
très petite quantité d'alkali, du rouge au verd, fans
qu'on puiffe appercevoir les nuances qui devroient
être intermédiaires.

La ténuité & la denfité des molécules ne font
pas les feules circonftances qui doivent entrer en
confidération; il réfulte des expériences mêmes de
Newton, que leur nature chymique influe beaucoup fur leurs couleurs; car l'on ne peut douter
qu'une force qui exerce une action vive fur les
rayons dans leur réfraction, n'influe auffi fur leur
réflexion.

En comparant les forces réfractives de différentes fubftances, Newton trouva que les fub—
ftances inflammables avoient une force réfringente
beaucoup plus confidérable que les fubftances non
inflammables : il tira de fes obfervations la conféquence étonnante que le diamant devoit ren-
fermer beaucoup de matiere inflammable, que
l'eau étoit une fubftance mitoyenne entre les
fubftances inflammables & les fubftances non inflammables, & que c'eft elle qui fournit aux végétaux leur principe inflammable; & ces vérités
n'ont été fenties & prouvées que de nos jours.

Il refteroit encore des obfervations intéreffantes
à ceux qui voudroient fuivre les traces du grand

A 3

Newton, & comparer les forces réfringentes des différents gaz & des différentes fubftances dont on connoît à préfent les principes conftituants. Eft-ce l'hydrogène ou le charbon qui contribuent le plus à la force réfrangible des fubftances inflammables? A confidérer les expériences qui ont été faites fur le diamant, on feroit tenté de le regarder comme un charbon pur & cryftallifé; mais dans l'huile de térébenthine, qui a une force réfringente confidérable, c'eft l'hydrogène qui eft dominant.

Plufieurs expériences chymiques prouvent que l'oxygène a auffi beaucoup d'affinité avec la lumiere; il fe combine avec elle fans en féparer les rayons; & il reprend l'état élaftique par cette combinaifon qui fe forme, lorfqu'il n'eft pas retenu par une affinité fupérieure: de là vient que lorfqu'on expofe à la lumiere l'acide muriatique oxygéné, dans lequel l'oxygène eft foiblement retenu, celui-ci abandonne l'acide, & reprend l'état élaftique en fe faturant du principe de la lumiere: le même dégagement s'opere lorfqu'on expofe l'acide nitrique aux rayons du foleil, mais plus difficilement, parceque l'oxygène eft plus fortement combiné dans cet acide. L'oxygène eft encore dégagé de la même maniere de quelques oxides ou chaux métalliques.

Lorsqu'un principe entre en grande proportion dans une substance, il fait appercevoir ordinairement ses propriétés par celles qu'il communique, même dans les modifications qu'elles éprouvent : ainsi l'oxygène, en se combinant aux métaux, leur communique une action plus énergique sur les rayons de la lumiere; mais l'action qu'ils exercent alors est inégale relativement aux rayons de différentes especes, jusqu'à ce que l'affinité de l'oxygène se trouve assez affoiblie par la chaleur, pour que tous les rayons puissent se combiner avec lui & lui rendre l'état élastique. De là vient que les oxides métalliques changent de couleurs par des petites différences dans les proportions de l'oxygène. L'oxide de manganèse offre à cet égard un phénomène remarquable; lorsqu'il est saturé d'oxygène, il paroît noir, si ses parties se trouvent rassemblées; & si elles sont étendues & dispersées, comme dans le verre où l'on en fait entrer une certaine quantité, il donne une couleur rouge; ce qui prouve que son apparence noire n'est due qu'à des molécules rouges trop rapprochées : si on le prive d'une grande partie de son oxygène, soit par le moyen du charbon, soit par toute autre substance qui puisse en séparer ce principe, le verre prend une transparence pure, & perd sa couleur; mais on peut la rétablir par le moyen du

A 4

nitre ou de toute autre fubftance qui reftitue au
manganèfe l'oxygène qu'il avoit perdu. L'on explique par là fon ufage dans la verrerie : il détruit
les fubftances charbonneufes qui pourroient altérer la pureté du verre ; & par là même, il perd la
propriété de lui donner une couleur, s'il ne fe
trouve qu'en proportion convenable.

Dans les oxides métalliques & dans plufieurs
fubftances minérales, toutes les parties font également colorées ; mais il n'en eft pas de même
danses fubftances végétales ou animales : la couleur n'y eft ordinairement due qu'à des molécules qui font mêlées ou combinées avec celles
qui conftituent ces fubftances, & les végétaux
contiennent quelquefois diverfes molécules colorantes, à différentes époques ou dans différentes
parties.

Les molécules colorantes des fubftances végétales & animales font prefque feules employées
à l'ufage de la teinture ; mais on les modifie fouvent par des intermedes : ce font ces fubftances
que l'on défignera dans ce traité par le nom de
parties colorantes.

Ces parties colorantes n'offrent point dans leur
compofition la fimplicité des fubftances minérales,
& l'oxygène n'influe point de la même maniere

fur leurs couleurs. On examinera, dans un des chapitres fuivants, de quelle maniere ce principe agit fur elles & les dénature.

Quelques chymiftes ont regardé le fer comme la caufe de toutes les couleurs végétales & animales ; & M. Becker s'eft fervi, pour appuyer cette opinion, des confidérations que l'on pouvoit tirer de la propriété qu'a ce métal généralement répandu de prendre un grand nombre de couleurs dans l'état d'oxide, dans les diffolutions & dans les vitrifications (1).

Le fer à la vérité paroît contenu dans toutes les fubftances végétales & animales, mais en quantité extrêmement petite. Le chêne, qui eft l'une des fubftances végétales qui doivent donner le plus de réfidu, ne laiffe dans la combuftion que $\frac{1}{200}$ de fon poids en cendre, & cette cendre ne contient pas $\frac{1}{200}$ en fer. Peut-on expliquer par une fi petite quantité les couleurs riches & éclatantes dont les végétaux font émaillés ? Y a-t-il un véritable rapport entre la mobilité de quelques unes de ces couleurs par les acides, les alkalis, l'air & la fucceffion conftante des cou-

----

(1) Specimen fiftens experimenta circa mutationem colorum quorumdam vegetabilium à corporibus falibus, cum corollariis ; auctore J. F. Adolpho Becker, 1779.

leurs que prend le fer, felon fon état d'oxidation.

Je fais qu'on peut étayer l'opinion que je com-
bats, du fuffrage de Bergman, qui a prétendu
prouver que l'indigo devoit fa couleur au fer
qu'il contient (1) ; mais je me permettrai de ré-
pondre qu'il eft facile de prouver que ce grand
chymifte s'eft fait illufion fur cet objet. Par le
moyen du pruffiate d'alkali, il a retiré des cendres
d'une once d'indigo, 30 à 32 grains de bleu de
Pruffe, & il évalue le fer qu'elle contenoit à 18 ou
20 grains ; mais, dans d'autres endroits, il prouve
que le fer contenu dans une fubftance ne forme
au plus que la cinquieme partie du bleu de Pruffe
qu'on retire de fa diffolution, & par-tout ailleurs
il s'eft fervi de cette évaluation qui eft très jufte.
C'eft donc à fix grains qu'il faudroit réduire le
fer qu'il a retiré d'une once d'indigo ; mais, dans
des expériences qui fuivent, il prouve que la
plus grande partie de ce fer peut être diffoute par
l'acide muriatique fans que les molécules colorantes foient altérées ; de forte que la plus grande
quantité de ce métal n'entroit pas dans leur compo-

---

(1) Analyfe chymique de l'indigo, Mém. des Sav. étr.,
tome IX.

fition. Il réfulte clairement de là que les parties colorantes de cette fubftance ne peuvent contenir qu'une quantité de fer fi petite, qu'elle ne peut influer que bien foiblement fur fa couleur. Il me paroît encore que c'eft fur des fondements peu folides que les phyfiologiftes ont conclu des expériences de Menghini, que le fer étoit la caufe immédiate de la couleur du fang.

Non feulement les moyens d'analyfe chymique que nous poffédons ne nous ont pas mis en état de déterminer la compofition des parties colorantes avec affez de précifion pour connoître à quels principes elles devoient leurs propriétés, mais il eft facile de voir qu'une compofition très différente peut donner naiffance à une couleur de même efpece. Les parties de l'indigo different beaucoup de celles qui colorent plufieurs fleurs en bleu. Nous poffédons une grande quantité de fubftances jaunes qui donnent des couleurs prefque femblables en apparence, & qui different cependant beaucoup par leurs propriétés.

Il y a des couleurs fimples : il y en a qui font dues au mélange de ces couleurs, & qui, par conféquent, font compofées. Newton a donné une regle générale pour former une couleur quelconque par le moyen d'autres couleurs prifmatiques. Le Blon a prouvé que l'on pouvoit obtenir

toutes les couleurs que l'art du peintre peut defirer
par le mélange du rouge, du bleu & du jaune (1).
Dufay a éprouvé que l'on obtenoit le même effet
en teinture, & il en a conclu qu'il n'y avoit dans
la nature que trois couleurs primitives qui donnoient naiffance à toutes les autres. Cette opinion
a été embraffée par plufieurs phyficiens ; mais il
eft facile de prouver qu'elle n'a aucun fondement.

Il y a cette différence entre les couleurs fimples
et les couleurs formées par la réunion de rayons
différents, que les premieres, vues par le prifme,
retiennent leur fimplicité, et que les fecondes fe
décompofent. Or le verd produit par les rayons
de cette couleur n'éprouve aucune décompofition
par le prifme ; il a donc le caractere d'une couleur fimple et primitive ; mais celui qui eft compofé, fe fépare en jaune & en bleu. Quoique le verd
qu'on fait en teinture foit dû au mélange du jaune
et du bleu, l'on ne doit pas regarder tous les verds
comme une combinaifon de deux efpeces de parties
colorantes : ainfi l'oxide verd de cuivre ne peut être
dû à des molécules de nature différente, et le verd
des plantes eft fans doute produit par une fubftance

____

(1) L'Harmonie du coloris dans la peinture réduite en
pratique.

homogène , de même que la plupart des nuances
qui exiftent dans la nature.

Je dis que la plupart des couleurs végétales me
paroiffent dues à une fubftance homogène ; mais
cette fubftance peut produire le verd, par exemple,
par la réflexion du rayon verd, ou par celle des
rayons jaune et bleu ; et il y a plufieurs couleurs
qui font néceffairement produites par la réflexion
de plufieurs efpeces de rayons. Si le verd des
plantes étoit dû à deux fubftances dont l'une feroit
jaune et l'autre bleue, il feroit extraordinaire qu'on
ne pût les féparer ou du moins changer leurs
proportions par quelque diffolvant : cependant
il y a quelques fubftances qui contiennent des parties colorantes de différentes efpeces, telles que la
garance, comme on peut le voir au volume fecond.

Le verd que je prends pour exemple des couleurs
de teinture réellement compofées, fait voir que les
molécules colorantes ne couvrent qu'une partie
de la furface de l'étoffe, quoique celle-ci paroiffe
d'une couleur pleine et uniforme ; car, après que
l'étoffe a été teinte en bleu, les parties jaunes s'y
fixent encore et produifent le verd ; et ce qui prouve
que c'eft fur les parties de l'étoffe et non fur celles
de l'indigo qu'elles fe font fixées principalement,
c'eft que, quoiqu'on ait commencé la teinture
par le jaune, fi l'on a employé un jaune peu

folide, il peut être détruit par l'air et fur-tout par des agents chymiques, et le bleu refter prefque fans être altéré.

L'on voit par là qu'il fuffit que les rayons de différentes couleurs foient rapprochés pour nous donner l'idée d'une couleur fimple. En effet l'on peut produire une couleur uniforme par le mélange exact de laines de différentes couleurs; et en peinture, l'on obtient des nuances fimples par le mélange de différents ingrédients qui ne fe combinent point entre eux.

Les parties colorantes forment différentes combinaifons, & elles s'appliquent foit feules, foit combinées préliminairement avec d'autres fubftances, à la laine, à la foie, au lin & au coton. L'art de la teinture confifte à fe fervir des affinités des parties colorantes pour les extraire, les diffoudre, & enfuite les appliquer & les fixer aux fubftances que l'on teint.

L'on a voulu claffer les parties colorantes en extractives & en réfineufes; mais cette divifion ne peut donner que des idées incompletes & fauffes de leurs propriétés; car il y a des parties colorantes qui, ne fe diffolvant pas dans l'eau, feroient regardées comme réfineufes, & cependant elles ne fe diffolvent pas dans l'alcohol; telles font la partie colorante rouge du carthame qui ne

fe diſſout que par le moyen d'un alkali, & l'indigo, qui ne ſe diſſout ni dans l'eau ni dans l'alcohol, qui ne devient ſoluble par les alkalis qu'au
moyen de quelques circonſtances, & qui ſe diſſout facilement dans l'acide ſulfurique.

Les parties colorantes qui ſe diſſolvent dans
l'eau ne peuvent être comparées aux parties mucilagineuſes & extractives des végétaux,
puiſque la propriété de ſe diſſoudre dans l'eau,
comme ces ſubſtances, ne donne aucune idée des
propriétés qu'il eſt eſſentiel d'y reconnoître, telles
que leurs rapports avec les agents chymiques qui
ſont en uſage dans la teinture, avec l'air, avec la
lumiere, avec les ſubſtances animales & végétales.

C'eſt encore un abus nuiſible aux progrès de la
véritable théorie que de vouloir expliquer les propriétés des ſubſtances colorantes par les parties
mucilagineuſes, réſineuſes, terreuſes, ſalines,
huileuſes, qu'on ſuppoſe entrer dans leur compoſition, ainſi que le fait principalement M. Poer-
ner; abus ſemblable aux vaines interprétations
que l'on a ſouvent données de l'action des médi-
caments. (Voyez la Matiere médicale de Car-
theuſer.)

L'on vient de voir que, pour expliquer la
cauſe des couleurs & la nature des parties colo-

rantes, l'on étoit tombé dans deux inconvénients;
l'un, de vouloir expliquer l'action que les molécules des fubftances colorantes exercent fur les
rayons de la lumiere par leur denfité & leur épaiffeur, fans avoir aucun moyen de les déterminer
& fans aucune confidération de l'affinité qui eft
due à leur compofition chymique; l'autre, de
comparer fur quelques foibles rapports les parties
colorantes avec les mucilages & les réfines, & de
vouloir expliquer leurs propriétés par les parties
qu'on fuppofe entrer dans leur compofition,
pendant que leurs propriétés colorantes doivent
être déterminées par des expériences directes, plutôt qu'expliquées par une compofition imaginaire.
L'on s'eft encore éloigné de la véritable théorie,
de celle qui n'eft que le réfultat de l'obfervation,
en attribuant aux loix purement méchaniques,
l'adhéfion des parties colorantes aux fubftances
que l'on teint, l'action des mordants, la différence des couleurs de bon & de faux teint. Hellot, auquel nous fommes d'ailleurs redevables du
meilleur traité qui exifte fur les teintures, s'eft
fait une illufion complete fur cet objet, & fes
idées théoriques ont fouvent influé fur fes obfervations & fur les principes qu'il a établis, comme
on peut s'en affurer par la lecture de fon ouvrage. L'on va juger de fa théorie par le paffage

fuivant

suivant. « Je crois qu'on peut dire comme un
« principe général de l'art dont je traite, que
« toute la méchanique invisible de la teinture
« consiste à dilater les pores du corps à teindre,
« à y déposer des particules d'une matiere étran-
« gere, & à les y retenir par une espece d'enduit
« que ni l'eau, ni la pluie, ni les rayons du so-
« leil ne puissent altérer; àchoisir les molécules
« colorantes d'une telle ténuité qu'elles puissent
« être retenues, suffisamment enchâssées dans les
« pores du sujet, ouverts par la chaleur de l'eau
« bouillante, puis resserrés par le froid, & de
« plus enduits de l'espece de mastic que laissent
« dans les mêmes pores les sels choisis pour les
« préparer : d'où il suit que les pores des fibres
« de la laine dont on a fabriqué ou dont on
« doit fabriquer des étoffes, doivent être net-
« toyés, agrandis, enduits, puis resserrés pour
« que l'atome colorant y soit retenu à-peu-près
« comme un diamant dans le chaton d'une
« bague (1). »

L'on a lieu d'être surpris que Macquer, qui
d'ailleurs est un des premiers qui aient eu des
notions justes sur les affinités chymiques, ait été

____

(1) L'Art de la Teinture des laines, p. 42.

Tome I.   B

féduit par les idées de Hellot. « Ce feroit ici le
« lieu (dit-il) (1) d'expliquer la maniere dont
« les mordants agiffent dans la teinture, & de
« développer la caufe du bon & du faux teint ;
« mais ces objets ont été traités avec tant de faga-
« cité par M. Hellot, que je crois devoir y ren-
« voyer le lecteur. »

Cependant Dufay (2) avoit déja apperçu que
les parties colorantes étoient difpofées par leur
nature à contracter une adhéfion plus ou moins
forte avec les filaments qui les reçoivent : il remarque fort bien que, fans cette difpofition, les
étoffes ne devroient prendre qu'une couleur pareille à celle du bain de teinture, & partager également avec lui les parties colorantes ; au lieu
que la liqueur du bain devient quelquefois claire
comme de l'eau, & cede toutes les parties colorantes à l'étoffe : « ce qui femble (dit-il) indi-
« quer que les ingrédients ont moins d'adhérence
« avec l'eau qu'avec les parties de la laine ».
Il ajoute qu'on rendroit raifon de la même maniere de plufieurs autres obfervations ; mais
qu'une pareille explication laiffe encore beaucoup

____

(1) L'Art de la Teinture en foie, avant-propos, p. 8.

(2) Obfervations phyfiques fur le mélange de quelques
couleurs dans la Teinture, Mém. de l'académ. 1737.

à defirer, & qu'il l'abandonneroit fans peine, fi on en propofoit une plus vraifemblable.

Bergman me paroît être le premier qui ait complètement rapporté aux principes chymiques les phénomènes de la teinture (1) : ayant teint de la laine et de la foie dans une diffolution d'indigo par l'acide fulfurique fort étendu d'eau, il explique les effets qu'il a obfervés dans cette opération ; il les attribue à la précipitation caufée par l'affinité plus grande qui fe trouve entre la laine & la foie & les molécules bleues, qu'entre ces mêmes molécules & l'eau acidule : il remarque que cette affinité de la laine eft affez puiffante pour dépouiller entièrement la liqueur des parties colorantes ; mais que l'affinité plus foible de la foie ne peut que diminuer la proportion de ces parties dans le bain ; & il fait voir que de ces affinités différentes, dépendent, & la folidité de la couleur , et l'intenfité qu'elle peut prendre.

C'est effectivement là la maniere légitime d'envifager les phénomènes de la teinture : ce font de véritables phénomnèes chymiques qui doivent être analyfés comme tous ceux qui dépendent de

____

(1) Analyfe de l'indigo, Mém. des Sav. étr., T. IX, & dans les notes fur le traité de Scheffer.

l'action que les corps exercent en raison de leur propre nature.

Les parties colorantes ont des propriétés chymiques qui les distinguent de toutes les autres substances : elles ont des affinités qui leur sont particulieres ; en vertu de ces affinités elles se combinent avec les acides, les alkalis, les oxides métalliques, avec quelques terres, & principalement avec l'alumine : souvent elles précipitent les oxides & l'alumine des acides qui les tenoient en dissolution ; dans d'autres circonstances elles se combinent avec les sels, & forment avec eux des surcompositions qui s'unissent à la laine, à la soie, au coton & au lin. Ordinairement elles forment avec ces dernieres substances, par le moyen de l'alumine ou d'un oxide métallique, une combinaison beaucoup plus intime que sans cet intermede.

La différence de l'affinité des parties colorantes avec la laine, la soie & le coton est quelquefois telle, qu'elles refusent de se combiner avec l'une de ces substances, pendant qu'elles se combinent fort bien avec une autre ; ainsi le coton ne prend point de couleur dans le bain qui teint la laine en écarlate. Dufay fit faire une étoffe dont la chaîne étoit de laine & la trame de coton ; il fit passer cette étoffe au foulon, pour être bien sûr que la laine & le coton recevoient exactement la même préparation : mais la laine prit la couleur d'écarlate & le coton resta blanc. C'est cette différence d'affinité qui oblige à varier les préparations & les procédés, suivant la nature de la substance que l'on veut teindre d'une couleur.

Ces considérations doivent fixer la marche qu'il faut suivre pour éclairer l'art de la teinture.

Il convient sans doute de tâcher de déterminer quelles sont les parties constituantes des molécules colorantes ; car, quoique cette analyse ne puisse encore conduire par elle-même à des résultats étendus, l'on verra cependant que l'on est déja parvenu à connoître en quoi consistent quelques modifications qui sont produites dans ces molécules par divers agents.

L'essentiel est de déterminer les rapports d'une substance colorante, 1°. avec les substances qui peuvent être employées comme dissolvant ; 2°. avec celles qui peuvent, par leur combinaison, modifier leur couleur, en augmenter l'éclat & concourir à en fixer l'union avec les substances que l'on teint ; 3°. avec les différents agents qui peuvent altérer leur couleur, & principalement avec l'air & la lumiere.

Il ne faut pas perdre de vue que les qualités des parties colorantes libres sont modifiées lors-

qu'elles entrent en combinaison avec une fubftance; mais fi cette combinaifon s'unit avec
une étoffe, elle éprouve elle-même de nouvelles
modifications : ainfi les propriétés de la partie
colorante de la cochenille font modifiées par la
combinaifon avec l'oxide d'étain, & celles de la
fubftance qui en réfulte, font encore modifiées
en fe combinant avec la laine ou avec la foie; de
forte que les connoiffances que l'on acquiert par
l'examen des fubftances colorantes ifolées ne peuvent éclairer que fur les préparations que l'on peut
leur faire fubir; celles que l'on acquiert fur les
combinaifons avec les fubftances qui fervent à
les fixer ou à en augmenter la beauté, peuvent
guider fur les procédés de teinture que l'on doit
choifir ou que l'on peut tenter; mais il n'y a
que l'expérience directe faite avec les différentes
fubftances que l'on teint, qui puiffe réalifer des
conjectures & établir des procédés.

Dans cette férie d'obfervations, l'on parvient
fouvent à rendre raifon des circonftances d'une
opération qui n'étoit due qu'à une pratique aveu-
gle, mais enrichie par les tentatives de plufieurs
fiecles; l'on éloigne ce qui étoit fuperflu; l'on
fimplifie ce qui étoit compliqué; l'on fe fert de
l'analogie pour tranfporter dans un procédé ce
qui étoit avantageux dans un autre : mais il y a

encore un affez grand nombre de faits dont on ne peut rendre raifon & qui échappent à toute théorie; alors il faut fe contenter de faire connoître le procédé de l'art, ne point chercher à en donner de vaines explications, et attendre que l'expérience puiffe nous procurer plus de lumiere.

C'eft une conféquence des obfervations précédentes, que les changements produits par les acides & les alkalis dans plufieurs couleurs végétales, & dont les chymiftes font un grand ufage pour s'affurer de la nature de différentes fubftances, font dus à la combinaifon qui fe forme entre les parties colorantes & les acides ou les alkalis. On peut comparer les compofés qui en réfultent, aux fels neutres, qui poffedent des propriétés différentes de celles de leurs compofants, mais dans lefquels l'un des compofants peut être furabondant & faire dominer fes propriétés. On obferve cet état de combinaifon entre les parties colorantes de la cochenille & le tartre acidule de potaffe ou crême de tartre : en faisant évaporer lentement une diffolution de ce fel dans une décoction de cochenille, il fe forme des cryftaux, qui confervent une belle couleur de rubis, beaucoup plus intenfe & plus vive que celle de la liqueur dans laquelle ils fe font formés.

Il y a des acides, principalement l'acide nitrique, qui, après s'être unis avec les parties colorantes, altèrent la couleur qu'ils ont d'abord produite, la jauniffent & la détruifent. Ils agiffent alors par l'un de leurs principes, par l'oxygène, de la maniere qui fera expliquée en traitant de l'action de l'air et de l'acide muriatique oxygéné fur les parties colorantes.

Les couleurs bleues ne font pas les feules qui puiffent paffer au rouge par le concours des acides, & au verd par celui des alkalis : la plupart des couleurs rouges, celle de la rofe, par exemple, font exaltées par les acides, & paffent au verd par les alkalis, & quelques couleurs vertes, telles que celle de la décoction verte de bardane, felon le témoignage de M. Nofe (1), et le fuc verd des baies de nerprun (*rhamnus catharticus*), felon l'obfervation de M. Becker, rougiffent auffi par les acides.

Cette propriété, commune aux couleurs les plus ordinaires des végétaux, paroît prouver qu'il y a une grande analogie entre la plupart de leurs parties colorantes ; & ce n'eft pas fans fondement que Linneus a penfé (2) que la couleur

____

(1) Verfuch einiger Beytrage zur chemie.

(2) Amœnitatum acad., T. IV.

rouge, dans les végétaux, étoit due à un acide &
en atteftoit l'exiftence (1) ; mais il y a auffi plufieurs végétaux qui contiennent un acide développé fans avoir une couleur rouge.

Les molécules colorantes ont donc avec les acides, les alkalis, les terres, les oxides métalliques, des affinités qui forment en partie leurs
propriétés chymiques, et felon lefquelles leurs
couleurs éprouvent des changements plus ou moins
grands.

Ces molécules forment donc, avec l'étoffe (2)
fur laquelle elles fe fixent, une combinaifon qui
ne conferve qu'une partie de leurs propriétés

---

(1) Il y a des fleurs dont la couleur paroît naturellement
modifiée par un acide très foible fans être décidément
rouge; telle eft la fleur de violette, dont le fuc violet devient
bleu lorfqu'on le laiffe féjourner quelque temps dans un
vafe d'étain, probablement parceque l'acide qu'il contenoit fe combine avec la partie oxidée qui fe trouve à la
furface de l'étain; telle eft encore la fleur de mauve, qui
devient bleue par la fimple exficcation. L'on rend la couleur
primitive avec une très petite quantité d'acide. *Obferv.
phyfico-chym. fur les couleurs*, par M. *Opoix*, Journ. de
Phys., T. VIII.

(2) Dans le cours de cet ouvrage, l'on entend par étoffe,
toute fubftance que l'on teint, quelles que foient fa nature
& fa forme.

primitives ; en s'alliant avec l'alumine, les oxides métalliques & quelques autres sub-stances, elles sont aussi modifiées ; mais les propriétés de ces dernieres combinaisons le sont encore lorsqu'elles se surcompofent avec une étoffe : toutes ces modifications font analogues à ce qu'on observe dans les autres combinaisons chymiques : elles vont être analysées avec plus de détail.

CHAPITRE II.

Des Mordants.

L'on donne le nom de mordant aux sub-stances qui fervent d'intermedes entre les parties colorantes & les étoffes que l'on teint, soit pour faciliter leur combinaison, soit pour la modi-fier.

Les mordants méritent la plus grande atten-tion : c'est par eux qu'on varie les couleurs, qu'on leur donne plus d'éclat, qu'on les fixe & qu'on les rend plus durables.

L'analyſe de l'action des mordants conſtitue particulièrement la teinture en art chymique, & la connoiſſance de plus en plus approfondie de leurs effets doit principalement contribuer à la perfection de cet art.

Je décris dans la troiſieme ſection, les propriétés eſſentielles des agents chymiques dont on fait le plus d'uſage en qualité de mordants. Je détermine, en parlant de chaque ſubſtance colorante, quels effets ils produiſent ſur elle. J'examinerai dans ce chapitre, en quoi conſiſte l'action des principaux mordants, & je tâcherai de déterminer comment interviennent leurs affinités entre les parties colorantes & l'étoffe, & comment ils influent ſur les qualités des couleurs.

Un mordant n'eſt pas toujours un agent ſimple ; mais, dans le mélange dont il eſt compoſé, il ſe forme quelquefois des combinaiſons nouvelles, de ſorte que les ſubſtances qu'on a employées n'agiſſent pas immédiatement, mais les combinaiſons qui en ſont le réſultat.

Quelquefois on mêle le mordant aux parties colorantes, d'autres fois on en impregne l'étoffe, dans d'autres circonſtances on réunit ces deux moyens, & enfin l'on peut teindre ſucceſſivement avec des liqueurs qui contiennent différentes ſubſtances, dont les dernieres ne peuvent agir

que fur les parties dont l'étoffe fe trouve imprégnée.

Comme l'art d'imprimer les toiles préfente
plufieurs procédés où il eft facile de fuivre les
effets des mordants, je vais en tirer quelques
exemples qui rendront plus fenfible la théorie
qui fera enfuite développée.

On prépare le mordant qu'on applique fur les
toiles deftinées à recevoir différentes nuances de
rouge, en diffolvant dans huit livres d'eau chaude, trois livres d'alun & une livre d'acétite de
plomb ou fel de Saturne, & on y ajoute deux
onces de potaffe & enfuite deux onces de craie en
poudre (1).

L'alun eft décompofé par l'acétite de plomb,
parceque l'oxide de plomb fe combine avec l'acide fulfurique, & forme un fel infoluble qui fe
précipite ; la bafe de l'alun ou l'alumine fe combine en même temps avec l'acide acéteux, d'où
réfulte un acétite d'alumine ; la craie & la potaffe
fervent à faturer l'excès d'acide.

Un premier avantage qui réfulte de la formation de l'acétite d'alumine, c'eft que l'alumine y

---

(1) L'on donnera plus de détails fur cette opération, en
traitant de la garance, dans le fecond volume.

eft retenue par une affinité beaucoup plus foible que dans l'alun, de forte qu'elle abandonne plus facilement fon diffolvant pour fe combiner avec l'étoffe & les parties colorantes

Un fecond avantage, c'eft que la liqueur acide dont l'alumine s'eft féparée, agit beaucoup moins fur la couleur, lorfque c'eft l'acide acéteux que lorfque c'eft un acide plus puiffant, tel que l'acide fulfurique.

Enfin l'acétite d'alumine n'ayant pas la propriété de cryftallifer, le mordant qu'on épaiffit par le moyen de l'amidon ou d'une gomme pour l'appliquer fur le moule où eft gravé le deffin, ne fe grumèle pas, comme s'il contenoit de l'alun qui cryftalliferoit.

Suivons l'opération qui s'exécute fur une toile ; quand elle eft imprégnée par le mordant d'une maniere déterminée par le deffin, on la paffe dans un bain de garance ; toute la toile fe colore ; mais la couleur eft plus foncée fur les parties qui ont reçu le mordant ; là les parties colorantes fe font combinées avec l'alumine & avec le coton, de forte que c'eft une combinaifon triple qui s'eft formée, & l'acide acéteux dégagé de fa bafe, eft entraîné dans le bain.

Les parties colorantes, combinées avec l'alumine & l'étoffe, font beaucoup plus inattaquables par les agents extérieurs que lorsqu'elles font isolées ou combinées avec l'étoffe fans intermède , & c'est fur cette propriété que font fondées les opérations auxquelles on foumet enfuite la toile : après l'avoir passée au garançage , on la fait bouiilir avec du fon , & on l'expofe fur le pré en répétant alternativement ces opérations jufqu'à ce que le fond foit devenu blanc. Les parties colorantes qui ne font pas unies avec l'alumine font altérées dans leur compofition , diffoutes & féparées, pendant que celles qui s'y trouvent combinées , réfiftent & fe confervent fans altération , & que par là le deffin feul refte coloré.

Cette deftruction des parties colorantes , par l'expofition fur le pré & par l'ébullition avec le fon , me paroît s'opérer de la même maniere que celle des parties colorantes du lin , & devoir s'expliquer de même. La différence dans le procédé confifte feulement en ce que l'on fubftitue le fon aux alkalis ; parecque ceux-ci diffoudroient une partie de la fubftance colorante qui eft fixée par l'alumine & qu'ils en altéreroint la couleur , au lieu que le fon ayant fur cette fubftance une action beaucoup plus foible , n'agit que fur les parties colorantes qui ont été difpofées par l'action de l'air à fe diffoudre plus facilement.

Si, au lieu du mordant dont on vient de parler, on emploie une diffolution de fer, les mêmes phénomènes ont lieu, les molécules colorantes décompofent la diffolution de fer, et font une triple combinaifon avec l'étoffe; mais, au lieu du rouge, on obtient de la garance, des bruns plus clairs ou plus foncés jufqu'au noir; &, en alliant le mordant d'alun & celui de fer, l'on a des couleurs mixtes, qui tiennent au rouge d'un côté & au noir de l'autre, telles que le mordoré & le puce.

Enfin l'on fe procure d'autres couleurs, en fubftituant la gaude à la garance, &, par le moyen de ces deux fubftances colorantes, du bleu d'indigo & des deux mordants dont on vient de parler, on obtient la plupart des nuances variées qu'on obferve fur les toiles peintes.

Les fubftances qui compofent un mordant, ne peuvent quelquefois fe décompofer par la force de leurs propres affinités; mais l'affinité de l'étoffe pour l'un des principes qui s'y trouvent, détermine une décompofition & des combinaifons nouvelles; & quelquefois cet effet ne fe produit ou ne fe confomme que par le concours de l'affinité des parties colorantes. C'eft le cas où me paroît fe trouver le mélange d'alun

& de tartre, qui eft le mordant le plus employé pour la teinture en laine.

J'ai fait diffoudre poids égal d'alun & de
tartre; ce dernier fel a pris, par ce mélange,
plus de folubilité qu'il n'en a naturellement;
mais, par l'évaporation & par une feconde cryftallifation, l'alun & le tartre fe font féparés;
de forte qu'ils ne s'étoient point décompofés.
J'ai fait bouillir pendant une heure une demi-
once d'alun avec une once de laine; il s'eft
formé un précipité que j'ai bien lavé; ce précipité étoit formé en grande partie de petits
filaments de laine incruftés de terre : je l'ai traité
avec l'acide fulfurique; je l'ai defféché par l'é-
vaporation ; j'ai fait diffoudre le réfidu, &
j'ai obtenu des cryftaux d'alun; il s'eft féparé
des molécules charbonneufes : j'ai fait évaporer
la liqueur qui avoit bouilli avec la laine; je n'en
ai retiré que quelques grains d'alun; le refte
a refufé de cryftallifer : je l'ai rediffous & j'en
ai précipité l'alumine par un alkali; le précipité étoit de couleur d'ardoife; il a noirci fur
un charbon ardent & a donné des vapeurs al-
kalines.

L'on voit, par cette expérience, que la laine
a décompofé l'alun; qu'une partie de l'alumine
                                          s'eft

s'eſt combinée avec les filaments les plus iſolés, & qui étoient le moins retenus par la force d'agrégation; qu'une partie animale a été diſſoute, & précipitée par l'alkali, de la combinaiſon triple qui s'étoit formée.

J'ai fait la même épreuve avec demi-once d'alun & deux gros de tartre : il ne s'eſt pas formé de précipité ; j'ai retiré par l'évaporation une petite partie du tartre & quelques cryſtaux d'alun fort irréguliers ; le reſte n'a pu cryſtalliſer ; je l'ai étendu d'eau, & précipité par la potaſſe, & j'ai obtenu par l'évaporation, un ſel qui a brûlé comme le tartre.

La laine qui a bouilli avec l'alun eſt devenue rude au toucher, & l'autre a conſervé ſa douceur. La premiere a pris avec la garance une couleur plus terne, quoique moins foncée, & la ſeconde une couleur plus ſaturée & plus vive.

Je ne pourrois donner en détail l'explication de ce qui s'eſt paſſé dans ces expériences ; mais l'on voit, 1°. que la laine a commencé la décompoſition de l'alun, qu'elle s'eſt combinée avec une partie de l'alumine, que la partie même de l'alun qui avoit conſervé l'alumine avoit diſſous un peu de ſubſtance animale;

2°. Que le tartre & l'alun, qui ne ſe décompoſent pas mutuellement lorſqu'ils n'agiſſent que par leurs propres affinités, peuvent agir l'un fur l'autre lorfque leurs affinités font fecondées de celle de la laine;

3°. Que le tartre paroît utile particulièrement pour modérer l'action trop vive de l'alun fur la laine, qui éprouve par là une dégradation; auffi ne fait-on pas d'ufage du tartre pour l'alunage de la foie & du fil, qui ont moins d'action fur l'alun que la laine.

Comme la décompofition de l'alun par le tartre & la laine ne s'opere que par des affinités qui perdent à peine l'équilibre, et qu'elle ne peut par conféquent s'exécuter que lentement, l'on conçoit pourquoi il eft avantageux de tenir quelques jours dans un lieu humide l'étoffe imprégnée d'alun & de tartre, ainfi qu'on le recommande.

Le dernier réfultat de l'alunage, de quelque maniere qu'il ait été fait & quels que foient les changements chymiques qui fe font produits, confifte dans la combinaifon de l'alumine avec l'étoffe : cette combinaifon étoit probablement imparfaite, & n'avoit abandonné qu'une partie des acides; mais elle s'eft confommée, lorfqu'on a tenu le drap dans le bouillon de garance, tout comme l'on a vu qu'elle s'opéroit dans les toiles peintes.

Toutefois un acide ou un alkali peut se sur-
composer avec l'étoffe , la substance colorante
& l'alumine ; car il y a des couleurs qui sont
altérées par un acide, & rétablies par un alkali
ou par une terre calcaire qui leur enlevent l'acide,
ou qui éprouvent l'effet contraire : mais cette
surcomposition n'a pas lieu pour les couleurs
qu'on regarde comme solides, & qui sont inal-
térables par les alkalis ou par les acides qui ne
sont pas assez puissants pour dénaturer leur composition.

L'affinité de l'alumine pour les substances animales n'est point seulement indiquée par des
phénomènes douteux, ni supposée pour être employée à des explications ; elle est prouvée par
des expériences directes. J'ai formé cette combinaison en mêlant un alkali saturé d'une substance animale avec une dissolution d'alun ; il se
fait un double échange ; l'alkali s'unit avec l'a-
cide de l'alun, pendant que l'alumine combinée avec la substance animale se précipite (1).

J'ai prouvé par une autre expérience l'affinité
de l'alumine pour les substances animales : après
avoir mêlé une dissolution de colle forte & une
dissolution d'alun, j'ai précipité l'alumine avec,

____

(1) Mém. de l'acad. 1784.

C 2

un alkali ; elle a entraîné avec elle la colle forte avec laquelle elle s'est combinée. Cette combinaison a l'apparence d'une gelée demi-tranfparente, & fe defleche difficilement (1).

L'on a vu de même, dans les expériences précédentes, que l'alkali avoit précipité du réfidu incryftallifable de l'alun qui avoit bouilli avec la laine, l'alumine combinée avec la fubftance animale.

L'affinité de l'alumine pour la plus grande partie des fubftances colorantes, peut auffi fe prouver par des expériences directes. Si l'on mêle une diffolution de fubftance colorante avec une diffolution d'alun, il fe fait quelquefois un précipité ; mais fi l'on ajoute à la liqueur de l'alkali qui décompofe l'alun & en fépare l'alumine, alors les parties colorantes fe précipitent combinées avec l'alumine, & la liqueur refte claire : c'eft à cette combinaifon qu'on donne le nom de laque. Il ne faut pas, dans cette expérience, mettre un excès d'alkali, parceque l'alkali a la propriété de rediffoudre la plupart des laques.

Aucune expérience directe ne prouve encore l'affinité de l'alumine pour les fubftances végétales autres que les parties colorantes ; elle paroît beaucoup plus foible que celle qu'elle a pour

______

(1) Ann. de chym., tome IV, p. 155.

les substances animales; de là vient que l'acétite d'a-
lumine est, comme on l'a dit ci-devant, un meilleur
mordant pour le coton & le lin que l'alun, & de
là viennent les différents moyens qu'on emploie
pour augmenter la solidité des parties colorantes
de la garance dans la teinture de ces substances.

Les oxides métalliques ont avec plusieurs
parties colorantes une telle affinité qu'ils abandonnent les acides qui les tenoient en dissolution
pour se précipiter en se combinant avec elles.

D'un autre côté, tous les oxides métalliques
ont la propriété de se combiner avec les substances animales; & j'ai formé ces différentes combinaisons en mêlant un alkali saturé de substance
animale avec les dissolutions métalliques (1).

Il n'est donc pas surprenant que les oxides métalliques puissent servir de moyen d'union entre
les parties colorantes & les substances animales ;
mais, outre l'affinité des oxides pour les parties
colorantes & les substances animales, il y a dans
leurs dissolutions acides des propriétés qui les rendent plus ou moins propres à servir de mordant :
ainsi les oxides qui abandonnent facilement leur
acide, tel que l'oxide d'étain, peuvent se combi-

---

1) Mém. de l'acad. 1784.

ner avec les fubftances animales fans le fecours des parties colorantes ; il fuffit d'imprégner la laine ou la foie de diffolution d'étain , quoiqu'a-près cela on les lave avec foin , ce qui n'arrive pas de même avec quelques autres diffolutions métal-liques.

Quelques fubftances métalliques ne portent dans les combinaifons qu'une bafe blanche & dé-colorée ; il y en a qui modifient, par l'alliance de leurs couleurs , celle qui eft propre aux parties colorantes ; mais , dans plufieurs oxides métal-liques , la couleur varie , felon la proportion d'o-xygène qui s'y trouve fixée , & cette proportion peut facilement éprouver des changements. De ces circonftances, qui feront examinées dans la fuite de cette fection , dépendent principale-ment leurs propriétés dans la teinture.

L affinité des oxides métalliques pour les fub-ftances de nature végétale paroît beaucoup moins forte que celle qu'ils ont pour les fubftances ani-males , & même l'on ignore s'ils peuvent former de véritables combinaifons avec elles. Auffi les diffolutions métalliques sont-elles peu propres à fervir de mordant aux couleurs du coton et du lin : il faut cependant excepter le fer, dont l'oxide peut fe combiner fortement avec les fubftances

végétales, comme le prouvent les taches de
rouille qui font dues à une véritable combinaison
de cet oxide.

Lorsque les parties colorantes ont précipité
un oxide métallique de son diffolvant, la liqueur
qui furnage retient l'acide qui a été mis en liberté : il a ordinairement le pouvoir de diffoudre une portion de la combinaison de la fubftance
colorante avec l'oxide métallique, de forte que
la liqueur refte colorée ; mais quelquefois routes
les parties colorantes font précipitées lorfque
les proportions fe trouvent juftes : cette précipitation eft facilitée & rendue plus complete
par la préfence de l'étoffe, qui agit auffi par
la tendance qu'elle a à s'unir avec la combinaison
des oxides métalliques & des parties colorantes.

Les oxides métalliques libres ont encore une
action très marquée fur plufieurs fubftances colorantes avec lefquelles on leur fait fubir l'ébullition, & ils en modifient la couleur; l'oxide
d'étain particulièrement augmente l'éclat & la
folidité de quelques unes.

On peut comparer les combinaifons des oxides avec les fubftances colorantes, à plufieurs
autres combinaifons chymiques qui sont infolu-
bles quand les principes qui les forment fe trou-

vent dans les proportions convenables , mais qui peuvent fe furcompofer avec l'excès de l'un des principes & devenir folubles par là. Ainfi un oxide métallique combiné avec un excès de fubftance colorante, formera une liqueur dont la couleur fera modifiée par l'oxide, au lieu que la partie colorante ne fe trouvant pas en excès, la combinaifon fera infoluble ou confervera peu de folubilité (1). Ces effets font très fenfibles dans la combinaifon du fer & du principe aftringent.

Les fels neutres, tels que le nitre & fur-tout le muriate de foude , fervent de mordant & peuvent modifier les couleurs; il eft difficile de déterminer de quelle maniere ils agiffent. J'ai éprouvé que le muriate de foude étoit en fubftance dans les précipités qu'il formoit avec quelques fubftances colorantes, & que ces précipités confervoient une folubilité affez grande : il y a apparence qu'une petite partie du fel fe fixe avec la partie colorante & l'étoffe.

Les fels à bafe calcaire modifient auffi les couleurs ; mais comme ces modifications font à-peu-

____

(1) Obfervations fur la combinaifon des oxides métalliques avec les parties aftringentes & les parties colorantes des végétaux. (Ann. de chym., tome I.)

près femblables à celles qu'occafionneroit un peu
de chaux, il eft probable qu'ils font décompofés, & qu'un peu de chaux entre en combinaifon avec les parties colorantes de l'étoffe.

Si l'on fait attention à tout ce qui précede,
l'on reconnoîtra facilement les combinaifons qui
fe forment par l'action des différents réactifs
dont on fait ufage dans les analyfes des fubftances
colorantes ; mais il ne faut pas perdre de vue
que les mordants et les parties colorantes exercent une action mutuelle, par laquelle leurs propriétés peuvent être altérées.

L'on apperçoit déja qu'en variant les mordants
on peut multiplier prodigieufement les nuances
que l'on obtient d'une fubftance colorante ; il fuffit même de varier la méthode par laquelle on les
applique : ainfi l'on obtiendra différents effets,
en imprégnant d'un mordant l'étoffe , ou en mêlant le mordant dans le bain de teinture , en faifant ufage de la chaleur, ou en employant la defficcation ; car l'on a trois affinités mutuelles, celle
de la partie colorante, celle de l'étoffe , & celle
des principes du mordant ; & plufieurs circonftances peuvent apporter des variations dans le réfultat de chacune de ces affinités ; ce qui mérite
quelques développements.

La defficcation favorife la combinaifon des fubſtances qui ont de l'affinité avec l'étoffe & les décompoſitions qui peuvent réſulter de cette combinaiſon ; parceque l'eau qui tenoit ces ſubſtances en diſſolution, s'oppoſoit, par ſon affinité, à l'action de l'étoffe ; mais la deſſiccation doit être lente pour que les ſubſtances ne ſe ſéparent pas avant que leurs affinités mutuelles aient produit leur effet. L'on voit par là comment doivent agir les deſſiccations répétées dont on fait uſage dans quelques procédés.

La plus ou moins grande diſpoſition qu'a l'étoffe à ſe combiner avec les parties colorantes apporte quelquefois des changements conſidérables dans la maniere dont on doit employer le mordant ; ainſi, lorſque cette diſpoſition eſt grande, l'on peut mêler le mordant avec la ſubſtance colorante ; la combinaiſon qui ſe forme s'unit ſans délai avec l'étoffe ; mais ſi celle-ci agit par une foible affinité, la combinaiſon qui s'eſt formée entre les parties colorantes & la ſubſtance qui doit leur ſervir d'intermède, peut ſe ſéparer & ſe précipiter avant d'être fixée ſur l'étoffe. Pour prévenir cet inconvénient, il faut commencer par fixer avec l'étoffe la ſubſtance qui doit ſervir d'intermède entre elle & les parties colorantes. Je déduirai de ces obſervations l'explication des différences qui ſe trouvent entre les procédés dont on fait ufage pour la teinture en noir & pour la teinture avec la cochenille fur la laine & fur la foie.

Il faut donc, pour juger des effets des mordants & de la maniere la plus avantageufe de les appliquer, indépendamment des confidérations qui vont fuivre, faire attention, 1°. aux combinaifons qui doivent fe former, foit par l’action des fubftances qui les compofent, foit par celle des parties colorantes & de l’étoffe ; 2°. aux circonftances qui peuvent concourir à former ces combinaifons plus ou moins promptement, plus ou moins complètement ; 3°. à l’action que la liqueur qui furnage l’étoffe peut avoir, foit fur la couleur, foit fur le tiffu de l’étoffe ; & pour prévoir quelle peut être cette action, il faut connoître les proportions des principes qui entrent dans la compofition du mordant & qui doivent être abandonnés dans la liqueur.

Les mordants ne font pas feulement tirés de la claffe des fels ; les fubftances végétales & les fubftances animales fe fervent mutuellement de mordant dans quelques circonftances ; ainfi, dans le procédé du rouge d’Andrinople, dont on trouve la defcription dans le fecond volume, le coton doit être imprégné ou plutôt combiné avec une fubftance animale ; ainfi le principe aftringent eft

fouvent employé comme intermède entre les parties colorantes & les étoffes.

Perfonne n'a jufqu'à préfent plus varié les
mordants & les modes de leur application que M.
Pœrner, & fes ouvrages peuvent être, fous ce rapport, d'une grande utilité, particulièrement celui dont on vient d'imprimer la traduction (1).

C H A P I T R E I I I.

*De l'action des différentes fubftances & particuliè-
rement de celles de l'air & de la lumiere fur les
couleurs.*

Nous n'avons confidéré jufqu'ici les molécules
colorantes que comme des fubftances qui peuvent
former différentes combinaifons, & dont les propriétés font modifiées par là ; mais elles peuvent
être altérées dans leur compofition, foit par des
agents extérieurs, foit par les fubftances mêmes
avec lefquelles elles fe font combinées. Il convient de commencer par examiner les change-

(1) Inftruction fur l'art de la Teinture, & particulièrement fur la Teinture des laines ; chez Cuchet, rue & hôtel
Serpente.

ments produits par les agents extérieurs, parcequ'ils font plus faciles à déterminer.

La propriété de réfifter aux acides végétaux,
aux alkalis, au favon, & principalement à l'action
de l'air & de la lumiere, conftitue la folidité
d'une couleur; mais cette propriété a une mefure très inégale, felon la nature de la couleur
& felon l'efpece de l'étoffe; car l'on n'exige
point dans quelques couleurs de la foie, la même
folidité que dans celles de la laine.

L'action de l'eau, des acides, des alkalis & du
favon, n'a rien d'obfcur; c'eft une diffolution
qui s'opere par le moyen de ces agents; & quelquefois il paroît qu'une petite portion d'acide ou
d'alkali s'unit à la combinaifon qui forme la couleur, puifque la couleur n'eft pas détruite, mais
feulement changée, & qu'on peut la rétablir en
enlevant l'acide, par exemple, par le moyen de
la craie ou de l'ammoniaque.

Il n'en eft pas de même de l'action de l'air &
de celle de la lumiere. Jufqu'à préfent, l'on a
ignoré en quoi confiftoit cette action; mais l'on
eft beaucoup plus avancé aujourd'hui fur cette
théorie, & l'on apperçoit qu'il ne refte que des
expériences à faire pour parvenir à des connoiffances exactes.

Scheele avoit obfervé que l'acide muriatique

oxygéné jauniſſoit les couleurs végétales ; & il attribuoit cet effet à la propriété qu'il avoit de s'emparer du phlogiſtique qui entroit dans leur compoſition.

J'ai prouvé (1) que les propriétés de l'acide muriatique oxygéné étoient dues à l'oxygène qui lui étoit enlevé par les ſubſtances qui éprouvoient ſon action , qu'il amenoit ordinairement les parties colorantes au jaune ; mais que , par une action continuée, il détruiſoit leur couleur, ſans déterminer en quoi conſiſtoit cette action.

M. Fourcroy a enſuite fait , ſur l'action que l'oxygène exerce ſur les parties colorantes , pluſieurs obſervations qui jettent beaucoup de jour ſur les changements qu'elles éprouvent , principalement lorſque leur diſſolution aqueuſe reſte expoſée à l'air, ou qu'on lui fait ſubir l'ébullition : il a remarqué que , par l'action de l'air, les décoctions végétales formoient des pellicules qui perdoient leur ſolubilité & qui changoient de plus en plus de couleur ; il a ſuivi les gradations de couleur qu'on obtient par là , & il a conclu de ſes obſervations que l'oxygène entroit dans la compoſition des parties colorantes ; que lorſqu'il s'en combinoit avec elles, leur nuance changeoit ;

---

(1) Mém. de l'acad. 1785.

que plus elles en prenoient, plus leur couleur devenoit fixe; & que le moyen d'obtenir des couleurs immuables pour la peinture, étoit de choisir celles qui avoient été soumises à l'action de l'acide muriatique oxygéné (1).

Je me suis particulièrement occupé de rechercher en quoi consiste l'action de l'air sur les couleurs de différente nature, en analysant celle de l'acide muriatique oxigéné (2) dans un mémoire dont je vais présenter un précis.

Il faut distinguer relativement aux effets de l'air les couleurs des oxides métalliques de celles des parties colorantes. J'avois prouvé que les modifications des premieres étoient entièrement dues aux différentes proportions d'oxygène, ainsi que je l'ai dit dans le premier chapitre de cette section; mais j'ai été conduit par mes observations à une opinion différente sur les modifications des autres parties colorantes.

J'ai observé que l'acide muriatique oxygéné, présentoit différentes apparences avec les parties colorantes, que quelquefois il en effaçoit la couleur & les rendoit blanches, que le plus souvent

____

(1) Ann. de chym., tome V.

(2) *Ibid.* tome VI, Mém. sur l'action que l'acide muriatique oxygéné exerce sur les parties colorantes.

il les faifoit paffer au jaune , au fauve, au brun
& au noir , felon l'intenfité de fon action, & que
lorfque leur couleur ne paroiffoit qu'effacée ou
blanchie, la chaleur ou le laps de temps fuffifoient
pour les rendre jaunes.

J'ai comparé l'effet produit par l'acide muriatique oxygéné, lorfque les parties colorantes font
rendues jaunes, fauves ou brunes , avec les effets
d'une légere combuftion, & j'ai fait voir qu'ils
étoient identiques, qu'ils étoient dus à la deftruction de l'hydrogène qui, fe combinant avec l'oxygène plus facilement & à une température plus
baffe que le charbon, laiffe celui-ci prédominant,
de forte que la couleur propre au charbon fe
mêle plus ou moins à celle qui préexiftoit.

Cet effet eft très fenfible lorfqu'on foumet
du fucre , de l'indigo ou l'infufion de noix de
galle & celle de fumach à l'action du gaz muriatique oxygéné ; le fucre & l'indigo prennent une
couleur foncée , & donnent des indices non douteux d'une légere combuftion; l'infufion de noix de
galle & celle de fumach font un dépôt noir qui
eft du charbon prefque pur.

Ces phénomènes font analogues à ceux que l'on
obferve dans la diftillation d'une fubftance organi-
fée : à mefure que l'hydrogène en eft dégagé
fous la forme d'huile , ou dans l'état de gaz ,

la

substance jaunit, & à la fin il ne reste qu'un charbon noir. Si l'on chasse l'hydrogène d'une huile par la chaleur, elle brunit également.

D'autres expériences que j'avois faites sur l'alcohol & sur l'éther, m'avoient prouvé que l'oxygène, uni à l'acide muriatique, avoit la propriété de se combiner avec l'hydrogène, qui est abondant dans ces substances, en formant de l'eau.

Lors donc que l'acide muriatique oxygéné rend une couleur jaune, fauve ou brune, cet effet provient de ce que la substance colorante a éprouvé une légere combustion dans laquelle une partie plus ou moins grande de son hydrogène a formé de l'eau; & par là le charbon, devenu prédominant, a communiqué la couleur qui lui est propre.

J'ai fait voir que c'étoit sur cette altération des parties colorantes par l'oxygène de l'atmosphère, de la rosée & de l'acide muriatique oxygéné, qu'étoit fondé l'art du blanchiment des toiles. Les parties colorantes du lin deviennent solubles par l'alkali des lessives que l'on doit alterner avec l'action de l'oxygène. On peut ensuite précipiter de l'alkali ces parties colorantes, qui, étant séchées & rapprochées, sont noires, & qui prouvent la réalité de cette théorie par la couleur qu'elles ont prife & par la quantité de charbon qu'elles donnent dans leur analyfe.

La diffolution alkaline des parties colorantes de la toile qui eft d'un brun noir , perd prefque toute fa couleur , fi l'on y verfe une certaine quantité d'acide muriatique oxygéné , & l'on peut obferver le même effet fur plufieurs autres fubftances qui ont pris une couleur qui provenoit d'un commencement de combuftion.

Une toile peut paroître blanche , & cependant jaunir par le laps du temps, & fur-tout fi on lui fait éprouver un certain degré de chaleur , lorsqu'on n'a pas ôté les parties oxygénées par une leffive affez efficace : de même les parties vertes des végétaux font blanchies par l'acide muriatique oxygéné, mais elles deviennent jaunes par l'ébullition.

Ces faits prouvent que l'oxygène peut blanchir ou rendre plus pâles les parties colorantes avec lefquelles il fe combine , foit qu'il ait commencé à y produire les effets de la combuftion , foit qu'il n'y produife enfuite ces effets que lentement , & fur-tout lorfqu'on foumet cette combinaifon à un certain degré de chaleur.

Il eft très probable que dans tous les cas, une partie de l'oxygène s'unit avec les parties colorantes fans fe combiner particulièrement avec l'hydrogène, & que de là vient que les parties colorantes du lin font devenues, par l'action de l'oxygène, plus folubles par les alkalis qu'elles ne l'étoient.

L'action de l'oxygène influe fans doute dans plufieurs autres circonftances fur les changements qui s'operent dans les parties colorantes des végétaux : ces parties fe forment principalement dans les feuilles, dans les fleurs & dans la feconde écorce des arbres : peu à peu elles éprouvent une légere combuftion, foit par l'action de l'air atmofphérique qui les environne, foit par celle de l'air qui eft porté dans l'intérieur des végétaux par des vaiffeaux particuliers ; de là vient que la plupart des arbres contiennent des parties colorantes fauves tirant plus ou moins fur le jaune, le rouge, le brun, qui, par le moyen de cette combuftion, s'épaiffiffent, & finiffent par être rejetées hors des fibres vafculaires de l'écorce dont j'ai trouvé qu'elles formoient la plus grande partie.

Ces obfervations nous apprennent de quelle maniere l'air agit fur les fubftances colorantes d'une nature végétale ou animale : il fe combine d'abord avec elles, il les affoiblit, les fait pâlir, & peu à peu il s'établit une légere combuftion par laquelle l'hydrogène qui entroit dans leur composition est détruit ; elles passent au jaune , au roux , au fauve ; leur affinité avec l'étoffe paroît diminuer ; elles s'en détachent ; elles sont entraînées par l'eau, & tous ces effets varient & s'operent plus ou moins promptement & plus ou moins complètement , selon la nature des parties colorantes ou plutôt selon les propriétés qu'elles ont dans l'état de combinaison où elles se trouvent.

Les changements qui arrivent dans les couleurs, qui sont dues à la combinaison des parties colorantes avec les oxides métalliques , sont un effet composé du changement qui s'opere dans les parties colorantes & de celui qu'éprouve l'oxide métallique.

La lumiere du soleil accélere beaucoup la destruction des couleurs ; elle doit donc (si la théorie que j'établis est fondée,) favoriser la combinaison de l'oxygène & la combustion qui se produit par là.

M. Sennebier a donné un grand nombre d'observations intéressantes sur les effets que la lumiere produit sur les différentes substances & particulièrement sur les couleurs ; il attribue ces effets à une combinaison directe de la lumiere avec les substances (1).

____

(1) Mém. physico-chymiques sur l'influence de la lumiere solaire, &c., tomes II & III.

Il y a long-temps qu'on a remarqué l'influence de la lumiere fur la couleur des bois, laquelle, dans l'obfcurité, fe conferve dans fon état naturel, mais qui, expofée à la lumiere, jaunit, brunit & paffe à d'autres nuances. M. Sennebier a obfervé les différences que préfentent à cet égard plufieurs efpeces de bois : il a trouvé que les changements étoient proportionnels à la vivacité de la lumiere ; qu'ils avoient lieu, même fous l'eau ; que cependant les bois humectés éprouvoient des changements moins prompts que ceux qui étoient fecs ; qu'il falloit plufieurs enveloppes de rubans pour préferver entièrement un bois ; qu'un papier noir fuffifoit, mais qu'avec d'autres couleurs l'altération n'étoit pas empêchée : une fimple enveloppe de papier blanc a été infuffifante, mais deux ont intercepté l'action de la lumiere.

Ce favant phyficien a étendu à un grand nombre de fubftances végétales fes expériences, qui pourront fervir à éclaircir plufieurs phénomènes de la végétation dont je ne m'occupe point à préfent. Mais pour prouver en quoi confifte l'action du foleil fur les couleurs, il fuffiroit d'examiner les phénomènes que préfente la diffolution des parties vertes des végétaux dans l'alcohol.

D 3

Si l'on expose à la lumiere du soleil cette dissolution qui est d'un beau verd, on la voit prendre promptement une couleur olivâtre & s'effacer dans quelques minutes. Si la lumiere a peu de vivacité, l'effet est beaucoup plus lent ; mais, dans une obscurité parfaite, la couleur se conserve sans altération, ou du moins l'altération est bien tardive. M. Sennebier dit qu'un alkali rétablit la couleur verte ; mais si la liqueur a éprouvé toute la décoloration qu'elle doit subir, l'alkali n'y produit pas de changement. Il a remarqué que dans le gaz azote ou air phlogistiqué, la couleur n'étoit pas altérée, & qu'elle n'éprouvoit aucun changement si le flacon étoit plein.

J'ai renversé un flacon à moitié rempli de dissolution verte sur du mercure, & je l'ai exposé à la lumiere du soleil ; lorsque la couleur a été détruite, le mercure s'est trouvé élevé dans le flacon, & par conséquent l'air vital avoit été absorbé ; l'oxygène s'étoit combiné avec les parties colorantes. Je n'ai pas observé un dépôt dont parle M. Sennebier ; la liqueur étoit restée transparente & colorée d'un jaune clair.

J'ai fait évaporer cette liqueur : bientôt sa couleur s'est foncée & a bruni, & le résidu étoit noir & dans un état charbonneux.

La lumiere a donc agi en favorifant l'abforption de l'oxygène & la combuftion de
la partie colorante : d'abord les indices de la
combuftion ne fe laiffent pas appercevoir ; la liqueur ne conferve qu'une couleur d'un jaune
foible ; mais bientôt la combuftion fe confomme
par l'action de la chaleur ; la liqueur devient
brune & laiffe un réfidu noir. Si le vafe dans lequel eft contenue la liqueur ne contient pas de
gaz oxygène , la lumiere n'a pas d'action fur les
parties colorantes : le gaz azote n'éprouve pas de
diminution.

Il faut faire attention à l'obfervation que j'ai
rapportée : des rubans, un fimple papier blanc,
ne préfervent pas de l'action de la lumiere ; elle
peut pénétrer à travers des enveloppes qui nous
paroiffent opaques & porter plus ou moins pro-
fondément fon énergie.

Beccari, & après lui M. Sennebier , ont comparé les effets que la lumiere produit fur des rubans de différentes couleurs ; mais les différences
qu'ils ont obfervées doivent être attribuées à la
nature des fubftances colorantes dont les rubans
étoient teints , plutôt qu'à leurs couleurs ; car un
ruban teint avec le bois de Bréfil perdra beaucoup
plus promptement fa couleur que celui qui fera

toint avec la cochenille, encore que la nuance fût la même.

Quoique la lumiere accélere beaucoup la combuſtion des parties colorantes & que ſa préſence même paroiſſe néceſſaire pour la deſtruction de quelques unes, cependant cet effet a lieu dans quelques autres ſans le ſecours de la lumiere. Ayant mis dans l'obſcurité différentes plantes en contaĉt avec l'air vital, j'ai obſervé que quelques unes l'abſorboient. J'ai auſſi obſervé que la roſe changeoit & prenoit une teinte plus ſombre ſans le contaĉt de l'air, ſans doute parcequ'elle contient un peu d'oxygène dont la combinaiſon devient enſuite plus intime; mais pluſieurs eſpeces de fleurs ont conſervé parfaitement leur couleur dans le gaz azote.

J'ai placé la teinture de tourneſol en contaĉt avec l'air vital ſur du mercure à l'obſcurité & à la lumiere du ſoleil; la premiere s'eſt conſervée fort long-temps ſans altération & ſans que l'air vital ait éprouvé de diminution; la ſeconde a beaucoup perdu de ſa couleur, elle a rougi, l'air vital s'eſt abſorbé en grande partie, & il s'eſt formé un peu d'acide carbonique qui a ſans doute produit le changement de la couleur bleue en rouge.

Cette obſervation peut donner une idée de

quelques changements de couleurs qui se produisent par une disposition particuliere des principes
qui se trouvent dans une substance végétale, lorsqu'elle éprouve, par la combinaison de l'oxygène,
les effets d'une légere combustion qui peuvent
donner naissance à quelque acide, dans les feuilles
par exemple, qui rougissent en automne avant de
devenir jaunes, & dans les panachures qui s'observent dans les fleurs dont la végétation devient
languissante.

Il est donc prouvé que la lumiere favorise l'ab-
sorption de l'oxygène par les parties colorantes, &
que par là il s'opere une combustion dont l'effet
ordinaire est la prédominance des parties charbonneuses.

Il faut attribuer à la même cause la destruction
qu'on a remarquée dans les étoffes mêmes par l'action de la lumiere. « Entre plusieurs exemples
« que je pourrois citer, rapporte Dufay, je par-
« lerai seulement d'un rideau de taffetas cra-
« moisi faux, qui avoit demeuré long-temps
« étendu derriere une fenêtre : toutes les parties
« qui étoient vis-à-vis les carreaux de verre étoient
« entièrement décolorées, tandis que celles qui
« répondoient au bois du chassis étoient beaucoup
« moins passées : il y avoit encore quelque chose
« de plus, c'est que la soie même étoit presque dé-

« truite dans les parties décolorées, & que le ri-
« deau se déchiroit avec la plus petite force en ces
« endroits-là, tandis qu'on lui trouvoit à-peu-près
« la force ordinaire dans les autres endroits (1). »

Il se présente ici une contradiction apparente :
c'est à l'action de la lumiere du soleil qu'est due
la production des couleurs végétales ; elle dégage
l'oxygène de l'acide nitrique, de l'acide muriatique oxygéné, de quelques oxides métalliques &
des plantes qui font en végétation : elle fait alors,
pour ainsi dire, l'opposé de la combustion ; & lorsqu'elle contribue à la destruction des couleurs,
elle sert à fixer l'oxygène & à produire une espece
de combustion. De même le phosphore n'est
point altéré par l'acide muriatique oxygéné dans
l'obscurité avec le secours de la chaleur, mais il
éprouve une combustion & il est changé en acide
phosphorique par le concours de la lumiere (2).

Je ne sais quelles font les circonstances, quelles
font les affinités qui déterminent tantôt un effet,
tantôt l'autre ; mais tous deux font également
prouvés. Il me paroît que ces phénomènes peuvent être comparés à ceux des affinités doubles. Il
est bien certain que la terre calcaire cede l'acide

---

(1) Mém. de l'acad. 1737.
(2) Mém. sur l'acide marin déphlogistiqué, 1785.

fulfurique à la potaffe , & cependant , par le moyen d'un échange , la terre calcaire peut chaffer la potaffe de fa combinaifon avec l'acide fulfurique.

Je vois d'ailleurs dans la nature un grand nombre de phénomènes qui font dans le même cas : ainfi, dans la fermentation fpiritueufe, l'hydrogène s'accumule dans la liqueur, & par le fimple progrès du même effet, la proportion de l'hydrogène eft diminuée ; il entre en combinaifon avec l'oxygène, qui devient prédominant lorfque la fermentation paffe à l'acide. La putréfaction qui s'établit dans les fubftances animales peut être regardée comme une opération oppofée aux phénomènes de l'accroiffement & de la nutrition.

Les fubftances colorantes réfiftent donc plus ou moins à l'action de l'air, felon qu'elles font plus ou moins difpofées à fe combiner avec l'oxygène, & à fubir par fon action une combuftion plus ou moins prompte, plus ou moins grande. La lumiere favorife cet effet, &, dans plufieurs circonftances, il n'a pas lieu fans fon concours ; mais les parties colorantes ifolées font beaucoup plus difpofées à éprouver cette combuftion que lorfqu'elles font combinées avec une fubftance telle que l'alumine, foit que celle-ci les défende par fa propre incombuftibilité, foit que la force de l'affinité les refferre, pour ainfi dire, & affoibliffe leur action fur d'autres fubftances; & c'eft en quoi confifte principalement l'utilité des mordants : enfin cette derniere combinaifon acquiert encore plus d'immutabilité, lorfqu'elle peut s'unir intimement avec l'étoffe.

Ainfi la partie colorante de la cochenille fe diffout facilement dans l'eau & fa couleur s'altere promptement à l'air : lorfqu'elle eft combinée avec l'oxide d'étain, elle eft bien plus vive & elle ne fe diffout prefque plus dans l'eau ; mais elle eft encore altérée facilement par l'air & par l'acide muriatique oxygéné; elle refifte mieux à ces agents, lorfqu'elle forme une combinaifon triple avec une étoffe de laine.

Il ne faut pas conclure de ce qui précede, que toutes les couleurs jaunes font dues à la partie charboneufe des fubftances colorantes; des compofitions très différentes peuvent donner une même couleur : ainfi l'indigo eft bien différent du bleu de nos fleurs, du bleu de l'oxide de cuivre & du bleu de Pruffe.

Je ne prétends point non plus que l'oxygène ne puiffe s'unir en petite quantité à quelques parties colorantes fans en affoiblir la couleur ou fans la faire paffer au jaune. L'on verra au chapitre de l'indigo qu'il a une couleur verte lorfqu'il eft combiné avec un alkali, avec la chaux ou avec un oxide métallique ; mais qu'il reprend fa couleur & fe fépare de ces diffolvants en reprenant une petite portion d'oxygène qu'il avoit perdue. La liqueur du buccin qui fervoit à teindre la pourpre, eft naturellement jaunâtre ; étant expofée à l'air & fur-tout au foleil, elle paffe promptement par différentes nuances, & elle prend enfin cette couleur qui étoit fi précieufe chez les anciens (1).

L'on peut même regarder comme un fait général, que les couleurs prennent plus d'éclat en fe combinant avec une petite portion d'oxygène : de là vient qu'il faut agiter dans l'air les étoffes qui fortent d'un bain de teinture, & quelquefois les tirer du bain par intervalles pour les expofer à l'air ; mais la quantité d'oxygène qui fe fixe & qui contribue ainfi à l'éclat de la couleur, eft très peu confidérable pour quelques unes, & bientôt la dégradation commence.

L'action de l'air n'altere pas feulement les parties colorantes & l'étoffe ; elle fe porte encore fur les oxides métalliques lorfqu'ils fervent d'inter-

---

(1) Découverte d'une nouvelle teinture de pourpre, &c. par Reaumur, Mém. de l'acad. 1711. Selon le témoignage d'*Eudocie*, la pourpre ne prenoit de l'éclat & ne parvenoit à fa perfection qu'en l'expofant aux rayons du foleil.

mede entre elles ; parceque les oxides , qui d'a-
bord font privés d'une partie de leur oxygène par
les parties colorantes , ainfi qu'on le fera voir en
expliquant l'action des aftringents , peuvent en
reprendre. Ceux qui ont une couleur variable ,
felon la proportion d'oxygène , influent donc par
là fur les changements qu'éprouve la couleur.
C'eft fans doute à cette caufe qu'eft dû le changement qu'on remarque dans le bleu qu'on donne
à la laine par le moyen du fulfate de cuivre & du
bois de campêche. Ce bleu fe change affez promptement en verd par l'action de l'air : or l'on fait
que le cuivre qui a une couleur bleue lorfqu'il eft
combiné avec une petite proportion d'oxygène, en
prend une verte en fe combinant avec une plus
grande quantité de ce principe. A la verité le
changement qu'éprouvent les parties colorantes
peut contribuer à cet effet; mais les parties colorantes du bois de campêche qui ont une couleur foncée par elles-mêmes doivent plutôt paffer
au brun par la combuftion, qu'au jaune, qui feroit
néceffaire pour produire du verd avec le bleu.

J'ai dit que les parties colorantes qui étoient
dans l'état de combinaifon étoient moins difpofées à être altérées par l'action de l'air que lorfqu'elles étoient ifolées. C'eft ce que l'on peut
obferver le plus ordinairement. Il y a cependant

quelques exceptions : l'alkali produit un effet
contraire. J'ai mis une infusion de cochenille dans
un bocal que je n'ai rempli qu'à moitié & que
j'ai exposé à la lumiere fur le mercure ; un femblable bocal contenoit une infusion de cochenille
faite avec un peu de tartre ; &, dans un troisieme,
j'avois ajouté à l'infusion un peu d'alkali. Le fecond bocal eft celui qui a fouffert le moins d'altération dans le même efpace de temps, celui en
même temps où il s'eft fait le moins d'abforption.

Dans le troisieme, la liqueur a d'abord bruni,
enfuite elle s'eft détruite, & l'abforption de l'air,
quoique peu confidérable, a été plus grande que
dans les deux autres. Je l'ai fait évaporer ; elle a
pris une couleur brune, & le réfidu a été d'un jaune
brun.

J'ai fait des expériences pareilles fur plufieurs
fubftances colorantes ; l'alkali a foncé leur
couleur, qui s'eft de plus en plus rembrunie, &
il a favorifé l'abforption de l'air. La garance feule
a paru faire une exception ; fa couleur, qui eft
d'abord devenue plus foncée, s'eft mieux con-
fervée que celle de l'infufion qui étoit fans
alkali.

L'effet ordinaire de l'alkali fur les parties colorantes eft conforme à celui qu'il produit fur plu-

lieurs autres fubftances telles que le foufre ; il favorife l'abforption de l'air, parcequ'il a une forte affinité avec le réfultat de cette abforption.

J'explique par cette action de l'alkali une obfervation de M. Becker (1) ; c'eft que, lorfque l'alkali a verdi une infufion végétale, on la voit peu à peu paffer au jaune, fi on la laiffe expofée à l'air, & lorfque le jaune s'eft établi, les acides ne peuvent plus ramener la couleur primitive : mais la même chofe n'a pas lieu lorfqu'on abandonne de même pendant quelques temps une couleur végétale qu'on a changée en rouge par le moyen d'un acide. Il faut cependant excepter les acides qui peuvent agir en cédant leur oxygène, comme on va le voir ; car alors la couleur fe détruit également.

____

(1) Specimen , &c.

CHAPITRE

CHAPITRE IV.

De la couleur jaune produite dans les substances animales par l'acide nitrique & l'acide muriatique oxygéné.

L'ACTION que l'acide nitrique & l'acide muriatique oxygéné exercent sur les substances animales a un tel rapport avec ce qui précede, que je n'ai pas cru devoir éloigner ces objets, quoique la couleur jaune, qui est produite par leur moyen sur la laine, & particulièrement sur la soie, pût mériter une place parmi les procédés de l'art.

M. Brunwifer (1) ayant observé que les bois prenoient différentes couleurs par l'expôsition à l'air, chercha à déterminer d'où provenoient ces couleurs, & à les produire artificiellement : il remarqua qu'en humectant d'acide nitrique la surface des bois, principale-

______

(1) Verfuche mit mineralifchen fauern geiftern, ausden holzern farben zu-ziehen. 1770. in abhandlungen der Baieúfchen akademie.

Tome I.   E

ment des bois jeunes qui ne font pas encore bien fecs, ils prenoient une couleur jaune, & qu'en faifant la même opération avec l'acide muriatique et l'acide fulfurique, ils prenoient une couleur violette, & il regarda ce violet comme compofé d'une couleur bleue & d'une couleur rouge. De ces obfervations il conclut que toutes les couleurs étant produites par le mélange du jaune, du bleu & du rouge, toutes celles que l'on obferve dans les feuilles, les fruits & les fleurs, font dues à des parties colorantes qui exiftent dans le bois & qui y font déguifées par un alkali; que les acides minéraux, en s'emparant de cet alkali, avoient mis les parties colorantes en liberté, & que l'air fixe, en pénétrant les feuilles, les fruits & les fleurs, produifoit naturellement le même effet, en fe combinant avec l'alkali qui les tenoit déguifées.

L'auteur a cherché à appliquer aux arts fes expériences & fa prétendue découverte (1). Après avoir arrofé des copeaux de bois avec l'acide nitrique, il a verfé de l'eau deffus, a filtré la liqueur, & s'en eft fervi pour teindre les étoffes de

____

(1) Entdekung verfchiedener vegetabilifchen farbematerialem feiden und wollen zeuge fchon und dauerhaft gelb zu farben 1771.

laine, de foie & de poils de chevre en un jaune
durable, qui eft dû, felon lui, aux parties colorantes jaunes qui étoient contenues dans le
bois & qui avoient été extraites ou mifes en liberté
par l'acide nitrique.

De la Folie rapporte (1) qu'ayant plongé un
écheveau de foie blanche dans de l'acide nitrique
ou eau-forte au degré de concentration où cet
acide eft vendu dans le commerce, dans trois ou
quatre minutes l'écheveau prit une belle couleur
jaune jonquille : il le lava à plufieurs eaux pour
qu'il ne fût point altéré par l'acide qui auroit pu
y refter adhérent. Cette couleur foutint plufieurs
épreuves auxquelles il la foumit, & la foie con-
ferva tout fon luftre. Si on la trempe dans une
diffolution alkaline, elle prend une belle couleur
orangée.

L'on trouve plufieurs expériences fur ce procédé
dans une differtation publiée par M. Gmelin (2):
il dit qu'il a donné une belle couleur de foufre
à la foie en la tenant pendant un jour dans l'acide
nitrique froid, ou pendant quelques heures lorfque

____

(1) Journal de Phys., T IV, p. 349.

(2) J. Frieder. Gmelin, prof. Gotting, de tingendo per ni-
tri acidum, five nudum, five terrâ aut metallo faturarum
ferico. Erfurti 1785.

E 3

l'acide étoit chaud. L'ébullition avec l'eau de favon a diminué l'éclat de cette couleur. Elle a été changée en une belle couleur de citron en tenant la foie pendant douze heures dans une diffolution alkaline, & elle a pris une belle couleur d'or lorfque cette diffolution étoit chaude.

Toutes les diffolutions métalliques par l'acide nitrique, ont donné à la foie une couleur jaune plus ou moins foncée, de même que la diffolution d'alumine par le même acide ; mais la diffolution de terre calcaire & celle de magnéfie ne produifent aucun effet.

La diffolution mêlée avec la diffolution d'or donne, fuivant la Folie (1), une couleur pourpre qui fe fixe fur la foie; mais M. Gmelin n'a obtenu, par ce procédé, que le jaune ordinaire. Il prouve auffi que les jaunes différents que M. Struve avoit dit qu'on obtenoit des différentes diffolutions métalliques (2), ne dépendent que de l'acide de ces diffolutions : la feule exception qu'on doive peut-être faire regarde la diffolution de mercure qui a donné à la foie une couleur de cuivre.

____

(1) Journ. de Phys., T. VIII.

(2) Berneriches magazin der natur kunft und wiffen fchaften, vol. 1.

Bergman connoiſſoit déja ce procédé lorſqu'il publia ſes notes ſur le Traité de Scheffer (1) : il dit que l'eau-forte ordinaire donne à la laine & à la ſoie, en trois ou quatre minutes, un jaune clair, beau & durable ; qu'il faut dans l'inſtant laver l'une & l'autre, & que plus l'acide eſt *déphlogiſtiqué*, plus il produit d'effet.

Dès les premieres expériences que j'ai faites ſur l'acide muriatique oxygéné, j'ai éprouvé qu'il avoit auſſi la propriété de colorer en jaune les ſubſtances animales ; mais il ne peut leur donner qu'une couleur beaucoup moins foncée que l'acide nitrique, & il les affoiblit beaucoup plus que cet acide ſuffiſamment étendu d'eau ; de ſorte que, pour l'uſage de l'art, l'acide nitrique eſt de beaucoup préférable.

Pour réſumer ces obſervations, l'acide nitrique, délayé d'une certaine quantité d'eau, donne à la ſoie une couleur jaune plus ou moins foncée, ſelon la concentration de l'acide, la température & le temps plus ou moins long de l'immerſion ; il faut laver avec ſoin la ſoie au ſortir de l'acide : cette couleur a aſſez d'éclat ; on peut la rendre foncée, & cependant la ſoie ne ſe trouve pas ſen-

---

(1) Eſſai ſur l'Art de la Teinture.

E 3

fiblement affoiblie, de forte que ce procédé peut être réellement utile. La couleur peut être modifiée par les alkalis.

La diffolution de terre calcaire & celle de magnéfie ne produifent aucun effet fur la foie, parcequ'elles ne confervent point d'excès d'acide; la diffolution d'alumine & celles de toutes les fubftances métalliques produifent au contraire une couleur jaune plus ou moins foncée, parcequ'elles confervent toutes un excès plus ou moins grand d'acide, & c'eft l'acide qui eft en excès, qui agit fur la foie de la même maniere que l'acide libre; c'eft auffi l'acide feul qui a coloré les fubftances animales en jaune dans les expériences de M. Brunwifer, & non les parties extraites du bois.

La couleur jaune n'eft point due au fer, comme l'a prétendu de la Folie; car l'acide nitrique le plus pur, qui, par conféquent ne contient point de fer, la produit auffi bien que celui dans lequel on pourroit foupçonner un peu de ce métal.

Si l'on met la foie dans l'acide nitrique concentré, elle prend promptement une couleur jaune foncée, elle perd toute fa force d'adhéfion & elle fe-diffout; pendant cette diffolution, l'azote qui entre dans la compofition des fubftances animales, fe dégage & forme une longue effer-

vefcence (1): fi l'on applique de la chaleur, il fe
dégage beaucoup de gaz nitreux, & dans les com-
mencements la liqueur prend une couleur foncée
& fe brunit. A cette époque l'oxygène de l'acide
nitrique fe combine indubitablement avec l'hydrogène qui eft abondant dans les fubftances animales, qui fert à former l'huile qu'on en retire
par la diftillation, & qui les rend fi inflammables.
Lorfque l'acide commence à agir & à jaunir la
foie, le même effet doit commencer. Je crois donc
que la couleur jaune naît d'un commencement de
combuftion, ainfi que je l'ai expliqué dans le
chapitre précédent. Cette combuftion très légere
n'affoiblit pas la foie d'une maniere fenfible; mais
fi l'acide eft un peu trop concentré, fi l'immerfion eft trop longue, fi l'on n'enleve pas par un
lavage exact tout ce qui pourroit en refter, la foie
fe trouve bientôt fort affoiblie, &, felon le lan-
gage vulgaire, qui rend ici une idée exacte, *elle
eft brûlée.*

L'on voit à préfent pourquoi, felon l'obfervation de Bergman, l'acide nitrique, qu'il
appelloit *déphlogiftiqué*, eft préférable pour cette
opération à celui qui eft faturé de gaz nitreux;

____

(1) Mém. de l'acad. 1785.

E 4

car, dans le premier, la proportion de l'oxygène étant plus grande, il eſt par là plus propre à produire les effets de la combuſtion, juſqu'à ce qu'il ſoit ramené à l'état d'acide nitreux.

La même explication doit ſans doute ſervir à l'action de l'acide muriatique oxygéné ſur les ſubſtances animales; cependant elle diffère en des circonſtances eſſentielles, & il y en a quelques unes dont je n'ai pu encore me rendre compte, & qui demandent un plus grand nombre d'obſervations.

La ſoie prend avec l'acide muriatique oxygéné un jaune beaucoup moins foncé qu'avec l'acide nitrique : l'acide ſulfureux la fait diſparoître en grande partie, & il n'a point d'action ſur le jaune produit par l'acide nitrique affoibli. L'acide muriatique oxygéné a cependant une action beaucoup plus vive ſur la ſoie ; il l'affoiblit promptement & même il la diſſout : ſi on laiſſe quelque temps la ſoie dans cette liqueur, le jaune qui s'eſt d'abord montré, s'affoiblit; ce qui eſt conforme à ce que j'ai fait remarquer, que l'oxygène, en s'accumulant, peut déguiſer la couleur jaune qui eſt due à la combuſtion qu'il a d'abord produite.

J'ai tenté d'expliquer (1) par la facilité avec la-

____

(1) Suite des expér. ſur l'acide ſulfureux, Ann. de Chym., T. II.

quelle l'acide ſulfureux cede l'oxygène, les effets qu'il produit ſur les couleurs, & je les ai
comparés à ceux de l'acide muriatique oxygéné;
mais quoiqu'il ſoit vrai que l'oxygène ait dans
l'acide ſulfureux une adhérence beaucoup plus
foible que dans l'acide ſulfurique, je ne crois
pas que l'explication que j'ai donnée ſoit fondée.

Selon l'obſervation de la Folie (1), les roſes
blanchies par la vapeur du ſoufre brûlé, ver-
diſſent dans une leſſive alkaline, & rougiſſent
dans les acides : j'ai obſervé moi-même que l'a-
cide ſulfureux rougiſſoit la teinture de tourneſol, qui a une couleur très fugitive, & qu'il
n'agiſſoit que comme les autres acides ſur les
infuſions de bois jaune, de fernambouc & de
campêche: j'ai de plus remarqué que la ſoie qui a
été expoſée à la vapeur du ſoufre, exhaloit une
odeur d'acide ſulfureux, lorſqu'on l'humectoit
d'acide ſulfurique, quoique cette odeur ne ſe
laiſsât pas appercevoir auparavant.

Je crois donc que l'acide ſulfureux ſe combine ordinairement avec les parties colorantes
& avec la ſoie, ſans leur céder ſon oxygène, &

____

(1) Journ. de Phys. 1774.

par conséquent sans y produire de combustion ;
que le résultat de cette combinaison perd quelquefois toute couleur ; propriété qui est probablement due à l'état demi-élastique dans lequel
se trouve l'oxygène ; mais quelquefois la combustion peut avoir lieu, & même elle doit ordinairement s'établir peu à peu, de sorte que les
parties colorantes qui ont été déguisées long-temps
doivent finir par laisser une couleur jaune. Il me
paroît que cet objet pourra facilement être
éclairci par quelques expériences.

CHAPITRE V.

Des Astringents en général & particulièrement de la Noix de galle.

L E S astringents méritent une attention particuliere, non seulement parcequ'ils sont d'un
grand usage dans la teinture, mais parcequ'ils
présentent une propriété commune à un grand
nombre de végétaux.

Il n'y a peut-être dans les végétaux aucune propriété sur laquelle on se soit contenté d'idées aussi
vagues : souvent l'on s'en est tenu à un foible rap-

port dans la faveur, & l'on a confondu sous le nom d'aftringent, en médecine & dans les arts, l'alun & plufieurs végétaux dont les propriétés étoient cependant fort éloignées : le plus fouvent l'on a regardé comme aftringent toute fubftance qui change en noir une diffolution de fer : on fuppofe que cet effet eft dû à un principe identique, exiftant dans toutes les fubftances qui le produifent : on a donné le nom d'aftringent ou d'acerbe à ce principe, & préfentement on le regarde comme un acide particulier auquel on donne le nom d'acide gallique, du nom de la noix de galle dans laquelle on l'a obfervé.

Toutefois plufieurs favants chymiftes ont fait dans ces derniers temps un grand nombre d'obfervations intéreffantes fur les aftringents : je vais en préfenter le précis ; mais comme on a pris la noix de galle pour fujet ordinaire de ces obfervations, il convient de la faire connoître.

La noix de galle eft une excroiffance qu'on trouve fur les jeunes branches du chêne, principalement de l'efpece qu'on appelle *rouvre*, qui croît dans le Levant, l'Iftrie, la Provence & la Gafcogne. Cette excroiffance eft produite par la piqûre d'un infecte qui dépofe fes œufs dans la petite incifion qu'il fait au printemps ; le fuc qui tranfude de cette bleffure, s'épaiffit, s'accumule, & fert d'abri au jeune infecte jufqu'à ce qu'il puiffe s'échapper ; lorfqu'il ne fe trouve point d'iffue, on trouve l'infecte mort dans la noix de galle ; quelquefois, après qu'il a quitté fa loge, d'autres infectes viennent l'occuper.

Il y a différentes efpeces de noix de galle ; il y en a qui tirent fur le blanc, le jaune, le verd, le brun, le rouge; il y en a de cendrées & de noirâtres : elles different beaucoup par la groffeur : elles font rondes ou irrégulieres, légeres ou pefantes, quelques unes font liffes & d'autres font couvertes de protubérances : celles qui font petites, noirâtres, grenues & pefantes font les meilleures ; ce font celles-là qu'on connoît fous le nom de noix de galle d'Alep & qu'on nous apporte d'Alep, de Tripoli & de Smyrne.

Les noix de galle fe diffolvent prefque en entier par une longue ébullition : feize gros ont donné à Neumann quatorze gros d'extrait; l'alcohol n'a tiré que quatre grains du réfida, qui pefoit deux gros.

La même quantité, traitée d'abord avec l'alcohol & enfuite avec l'eau, a donné douze gros deux fcrupules d'extrait fpiritueux & quatre fcrupules d'extrait aqueux; le réfidu pefoit un demi-fcrupule de plus que dans l'expérience précédente.

L'extrait fpiritueux a une faveur plus forte &
plus défagréable que l'autre (1).

M. Monnet, auquel la chymie eft redevable
d'un grand nombre d'obfervations importantes (2),
regarde Macquer comme le premier qui ait attri-
bué la formation de l'encre à une précipitation du
fer par le principe aftringent, & lui-même en
établit la théorie : il penfe que le fer a une affinité plus grande avec ce principe qu'avec l'acide
auquel il étoit uni ; mais l'acide diffout une partie du précipité, à moins qu'il ne foit étendu dans
beaucoup d'eau.

Le fer n'eft pas la feule fubftance métallique
qui foit précipitée de fon diffolvant par le principe aftringent : M. Monnet a obfervé que l'or,
l'argent, le cuivr e, le zinc, le cobalt, leplatine
& le mercure en étoient auffi précipités.

La fubftance métallique la plus facile à précipiter eft le mercure : fa diffolution mêlée avec
l'infufion de noix de galle, prend une couleur
de brique, mais le précipité qui fe forme bientôt
devient d'un gris rougeâtre.

---

(1) The chemical works of cafpar Neumann, &c. by
William Leixs.

(2) Traité des Eaux minérales, p. 304.

Le cuivre se précipite assez facilement : le précipité est d'abord verd ; mais il devient d'un gris cendré, &, en se desséchant, il prend un œil rougeâtre cuivreux.

Le zinc forme un précipité verd cendré.

Le précipité du cobalt est d'un bleu clair ; mais il ne garde pas long-temps cette couleur, il devient bientôt d'un gris cendré.

L'argent ne se précipite que fort lentement ; le précipité, qui a d'abord une couleur de café brûlé, prend en se desséchant sur le papier, un éclat brillant argentin.

L'or ne se précipite de même qu'insensiblement ; le précipité rassemblé & desséché, est tout-à-fait semblable à celui de Cassius.

M. Monnet a retenu sur un filtre le précipité du fer par le principe astringent ; il s'est trouvé d'un beau bleu foncé : ce chymiste pense que ce précipité pourroit être employé avec avantage dans la peinture. Il a tenté de le dissoudre dans l'acide nitrique & dans l'acide sulfurique : ces acides ne l'attaquoient que lentement ; ayant accéléré leur action par la chaleur, il eut, en filtrant, de belles teintures jaunes, sur-tout celle de l'acide nitrique qui étoit semblable à une dissolution d'or : il ne s'en précipita rien, & les liqueurs resterent toujours claires & limpides: l'alkali n'y occafionna point de précipité; il produifit feulement une couleur plus foncée. M. Monnet fut conduit par cette obfervation à diffoudre immédiatement ce précipité dans une diffolution d'alkali fixe, dans laquelle il le fit bouillir; il fit une diffolution rouge comme du fang de laquelle l'eau ne précipita rien.

Les académiciens de Dijon ajouterent à ces connoiffances plufieurs obfervations intéreffantes (1).

La noix de galle donne à la diftillation un phlegme limpide qui peu à peu devient brun, enfuite une huile jaune, puis une huile plus foncée & empireumatique. Toutes ces liqueurs précipitent en noir le fulfate de fer ou vitriol : le réfidu charbonneux n'a plus aucune propriété; il rougit au feu fans fe réduire en cendre.

L'eau diffout même à froid le principe aftringent : une once de noix de galle a donné par ce moyen trois gros d'extrait non déliquefcent & très ftyptique.

L'huile fixe, l'huile volatile & l'éther ont diffous le principe aftringent.

L'infufion de noix de galle rougit le papier

____

(1) Elém. de Chym.

bleu & la teinture de tournefol (1); mais elle n'a point d'action fur le firop violat.

L'acide fulfurique fe colore en rouge avec de la noix de galle; l'acide nitrique prend une couleur ambrée, l'acide muriatique devient brun; ces trois acides précipitent en noir le fulfate de fer lorfqu'on les fature d'alkali.

L'acide acéteux, chargé du principe aftringent, n'a pas befoin de cette addition d'alkali pour donner un précipité noir.

L'acide phofphorique ne produit aucun changement dans l'infufion de noix de galle; mais ce mélange trouble la diffolution de fulfate de fer, & il forme un précipité blanc.

Le fulfure d'alkali eft décompofé par l'infufion de noix de galle : en filtrant enfuite la liqueur, le réfidu ne précipite pas le fer en noir, mais la liqueur qui paffe, le précipite; elle paroît être une combinaifon d'alkali & de principe aftringent.

Le carbonate d'alkali fixe donne une couleur rougeâtre à l'infufion de noix de galle : ce mélange fait un précipité brun avec le fulfate de fer.

L'alkali cauftique colore l'infufion de noix de

------

(1) J'ai éprouvé que cette infufion rougiffoit auffi celle de petites raves.

galle

galle en rouge brun , & précipite alors le fulfate de fer en noir : ce précipité bien lavé, n'eft pas at- tirable à l'aimant ; il fe diffout fans effervefcence dans les acides minéraux , & il n'eft point attaqué par l'acide acéteux.

Le mélange de pruffiate d'alkali & de teinture ou d'alcohol de noix de galle, donne un préci- pité noir, avec la diffolution de fer ; l'acide ful- furique augmente d'abord l'intenfité de la couleur & finit par la détruire.

Le même ouvrage contient un grand nombre d'obfervations fur les précipitations métalliques par le principe aftringent. La noix de galle n'al- tere nullement les diffolutions de l'arfenic, & cet oxide, mêlé avec l'infufion de noix de galle, n'em- pêche pas fon action fur le fer. Le principe aftrin- gent forme de l'encre avec toutes les diffolutions acides du fer, excepté avec celles de l'acide phof- phorique & de l'acide arfenique.

Enfin l'on y trouve quelques expériences fur l'encre & fur le dépôt qu'elle donne lorfqu'on l'étend de beaucoup d'eau. L'acide acéteux ne décompofe point l'encre ; mais les acides mi- néraux la décolorent promptement ; l'acide ful- furique y produit de la chaleur fans effervefcence; la liqueur devient jaune & forme un dépôt gri- sâtre. Les alkalis rétabliffent la couleur que les acides ont fait difparoître ; mais, en réitérant l'action fucceffive des acides & des alkalis , le principe colorant finit par fe détruire.

Les mêmes académiciens ont encore fait une obfervation qui peut devenir importante, & à laquelle nous allons voir que M. de Laval a donné plus d'attention ; c'eft l'action que la noix de galle exerce fur le fer. Cette infufion donne à froid une teinte violette à la limaille de fer ; mais en faifant bouillir , une partie du fer eft diffoute & la liqueur prend une couleur violette qui tire fortement au noir.

M. de Laval (1) dit qu'il avoit depuis long-temps obfervé que la noix de galle , feulement infufée dans l'eau diftillée , diffolvoit le fer avec la plus grande activité ; que non feulement il avoit produit, avec une fimple diffolution de ce métal dans une infufion de noix de galle , le noir le plus foncé & l'encre la plus indélébile, mais encore , qu'ayant plongé dans cette teinture noire des foies & des étoffes en laine , fans y ajouter aucun acide , il les avoit retirées du noir le plus foncé & le plus indeftructible.

M. Prieftley a retiré du gaz inflammable ou hydrogène d'un mélange de limaille de fer ,

____

(1) Recherches expérimentales.

de noix de galle en poudre et d’eau (1) : cette
expérience prouve que la noix de galle agit fur
le fer, comme les acides qui favorifent la décomposition de l’eau & qui en dégagent le gaz
hydrogène.

Avant même que M. Monnet déterminât
la maniere dont le principe aftringent fe combine avec le fer, & forme des parties colorantes
noires qui peuvent se précipiter, M. Lévis avoit
fait fur cette combinaifon des obfervations (2)
importantes qu’il cherchoit particulièrement à
rendre utiles aux arts.

Il remarque que fi l’on étend d’une fuffifante
quantité d’eau l’encre ordinaire, le noir fe précipite, et que la liqueur refte claire : il obferve
que c’eft cette partie noire qui fe fixe fur les étoffes
& qui fert à les colorer : il cherche, d’après
cela, à déterminer les proportions les plus convenables de l’aftringent & de la diffolution de
fer, foit pour la quantité du précipité noir,
foit pour fa qualité.

Les expériences de Schéele ont une telle in-

---

(1) Obfervations fur les différentes branches de la phyfique, T. II, p. 131.

(2) Expér. phys. & chym. fur plufieurs matieres relatives
au commerce & aux arts, T. II, p. 227.

F 2

fluence fur l'opinion qu'on s'eſt formée fur la
nature du principe aſtringent, que je vais les rappeller telles qu'il les a données (1).

« Je paſſai dans un tamis groſſier une livre
« de noix de galle, & je fis infuſer cette poudre
« avec une kanne (deux pintes trois quarts) d'eau
« pure, dans un ballon de verre ; je laiſſai en-
« fuite repoſer quatre jours, pendant lequel
« temps on remua fouvent avec une baguette de
« verre ; je filtrai la liqueur (2), qui étoit claire
« & qui avoit la couleur de vin de France ;
« je la laiſſai à l'air libre dans le même ballon
« de verre, ſimplement couvert de papier gris :
« je fis cette préparation au mois de juin. Un
« mois après je revis cette infuſion & je la trou-
« vai couverte d'une pellicule épaiſſe de moiſiſ-
« fure ; au reſte elle n'avoit formé aucun pré-
« cipité, elle n'avoit pas plus la faveur aſtrin-
« gente qu'auparavant, mais plus acide ; je re-
« mis cette infuſion dans le même ballon, éga-
« lement couvert de papier. Cinq femaines après
« je l'examinai de nouveau ; elle étoit bien à

---

(1) Journal de Phys. janvier 1787.

(2) « Si on emploie de l'eau chaude, ou que l'on faſſe
« digérer ce mélange à la chaleur, l'infuſion n'eſt pas
« claire ; c'eſt ce qui m'a déterminé à employer l'eau froide
« & la digeſtion à froid. »

« moité évaporée ; j'y trouvai un précipité épais
« de deux doigts, & au-dessus une pellicule
« muqueuse ; elle avoit perdu toute saveur styp-
« tique, & coloroit cependant encore le vi-
« triol de Mars en noir. Je filtrai l'infusion,
« & l'exposai encore une fois à l'air libre : l'au-
« tomne suivante, la plus grande partie étoit
« évaporée ; mais ce qui restoit étoit mêlé de
« beaucoup de précipité. Je réunis tous ces
« précipités, & je versai dessus de l'eau froide ;
« après qu'ils se furent déposés, je décantai
« l'eau & j'y versai alors autant d'eau chaude
« qu'il étoit nécessaire pour leur dissolution : je
« filtrai le tout ; la liqueur étoit d'un brun jaune ;
« je la fis évaporer à une douce chaleur ; pen-
« dant l'évaporation, une partie se précipita
« comme un sable fin, & partie forma au fond
« des cryftaux disposés en soleil : ce sel étoit gris,
« &, malgré les dissolutions & cryftallisations répé-
« tées, il me fut impossible de l'obtenir plus blanc. »
Ce sel de noix de galle se compose de la maniere
suivante :

« 1°. Il a un goût acide, il fait effervescence
« avec la craie, & colore en rouge l'infusion de
« tournesol ;

« 2°. Pour diffoudre complètement une demi-
« once de ce sel, il faut une once & demie d'eau

F 5

« bouillante ; mais aussitôt que la dissolution se
« refroidit, le tout forme une masse concrete,
« composée de petits cryftaux. Une demi - once
« exige douze onces d'eau froide pour fa dif-
« folution ;

« 3°. Il fe diffout très aifément dans l'efprit-
« de vin : pour une demi-once de ce fel, il n'en
« faut qu'une demie d'efprit-de-vin bouillant ;
« mais fi l'on emploie l'efprit-de-vin froid, alors
« il faut pour une demi-once deux onces d'efprit.

« 4°. Dans un creufet à feu ouvert, il s'en-
« flamme promptement, se fond en donnant
« une odeur agréable, mais il donne enfuite un
« charbon qui fe réduit difficilement en cendres ;

« Diftillé dans la cornue, il devient d'abord
« fluide, & donne un phlegme acide ; il ne paffe
« point d'huile, mais à la fin il s'éleve un fublimé
« blanc qui s'attache au col de la cornue, & qui
« y refte fluide auffi long-temps qu'il eft chaud ;
« mais enfuite il fe cryftallife : on trouve dans la
« cornue beaucoup de charbon. Ce fublimé a pref-
« que l'odeur & le goût de l'acide benzonique ou fel
« de benjoin ; il fe diffout auffi bien dans l'eau
« que dans l'efprit-de-vin ; il rougit l'infufion de
« tournefol ; & ce qui eft remarquable, il précipite
« les diffolutions métalliques avec leurs diffé-
« rentes couleurs, & le vitriol de Mars en noir.

« 6°. La diſſolution de ſel de noix de galle
« verſée dans la diſſolution d'or la rend d'un verd
« ſombre, & en précipite à la fin une poudre qui
« eſt de l'or revivifié ;

« 7°. La diſſolution d'argent devient brune, &
« dépoſe, à la chaleur, une poudre griſe qui
« eſt de l'argent revivifié ;

« 8°. La diſſolution de mercure eſt précipitée
« en jaune orangé ;

« 9°. La diſſolution de cuivre donne un pré-
« cipité brun ;

« 10°. La diſſolution vitriolique de fer de-
« vient noire ; plus l'eau en eſt chargée, plus
« la couleur eſt foncée ;

« 11°. Le plomb diſſous dans le vinaigre eſt
« précipité en blanc ;

« 12°. Le biſmuth donne un précipité d'un
« jaune citron ;

« 13°. L'acide molybdique devient d'un
« jaune obſcur, ſans qu'il y ait aucun préci-
« pité ;

« 14°. La platine, le zinc, l'acide arſenical,
« & l'étain, le cobolt & la manganèſe n'éprou-
« vent aucun changement ;

« 15°. Les diſſolutions de calce, de magné-
« ſie, d'alumine & de barote, ne ſont pas dé-

F 4

« compofées ; mais l'eau de chaux donne un
« précipité gris abondant ;

« 16°. Le fel de noix de galle eft changé en
« acide faccharin , par l'acide nitreux diftillé
« deffus, fuivant le procédé ordinaire ;

« Le précipité blanc que l'on obtient lorfque
« l'acète de plomb eft précipité par la noix de
« galle , peut être de nouveau décompofé par
« l'acide vitriolique, & on obtient le fel de noix
« de galle dans fa plus grande pureté : mainte-
« nant, comme l'infufion de noix de galle pré-
« cipite l'acète de plomb , j'ai cru pouvoir me
« procurer ce fel d'une maniere encore plus
« expéditive ; mais cela ne m'a pas réuffi, car
« lorfque j'eus décompofé ce précipité , par le
« moyen de l'acide vitriolique, je retrouvai mon
« infufion de galle avec fon goût aftringent or-
« dinaire.

« Si on diftille la noix de galle à un feu vio-
« lent , on obtient un phlegme acidule dont
« l'odeur n'eft pas défagréable ; il ne paffe point
« d'huile , mais à la fin il s'éleve du fel volatil,
« pareil à celui que l'on obtient du fel de noix
« de galle diftillé (n°. 5) , & qui a les mêmes
« propriétés. Il paroît, d'après cela, que ce fel
« exifte tout formé dans l'infufion de noix de

« galle , quoiqu'on ne puiffe pas l'obtenir par
« la voie de cryftallifation ordinaire , car il eft
« fi intimement uni avec quelque principe mu-
« cilagineux ou autre matiere , qu'elle ne peut
« en être féparée fans un mouvement intérieur
« ou fans fermentation. »

Ces expériences de Schéele ont déterminé la
plupart des chymiftes à regarder l'acide gallique
comme le principe aftringent , & à conclure qu'il
exifte dans toutes les fubftances végétales qui
précipitent en noir le fer de fes diffolutions ,
& que ce précipité eft une combinaifon de l'acide
gallique & du fer qui abandonne les autres
acides pour s'unir avec lui.

J'ai répété & varié les expériences de Schéele
fur la noix de galle , & j'ai obfervé ;

1º. Qu'en fuivant le procédé indiqué par ce
grand chymifte , il fe formoit fucceffivement
des pellicules verdâtres , dûes à un byffus qui
ne pouvoit fe produire dans un vafe bien bouché ;

2º. Que dans un vafe pareil , où nulle évaporation ne pouvoit avoir lieu , il fe dépofoit,
pendant l'hiver , des cryftaux purs , tranfparents
& jaunes , fans l'influence de l'air extérieur; que
par conféquent l'acide gallique étoit exiftant dans
la noix de galle , & non dû à l'abforption de

l'oxygène, ainsi que je l'avois conjecturé (1);

3°. Que si l'on faisoit évaporer à moitié la liqueur avant de l'enfermer dans un vase, elle prenoit une couleur foncée pendant l'évaporation, & qu'elle déposoit ensuite une plus grande quantité de substance crystalline, mais moins pure & d'une couleur plus foncée;

4°. Que l'acide obtenu de cette maniere ou par le procédé de Schéele & ensuite dissous dans l'eau, se décomposoit toujours par l'évaporation; qu'il s'en séparoit des pellicules noires ; qu'il se brunissoit par la simple exposition à l'air ; que l'on n'obtenoit par des opérations répétées qu'une crystallisation informe d'une couleur grise, plus ou moins jaune, plus ou moins brune, & même si l'on répete plusieurs fois les évaporations, ce sel se détruit entièrement. La chaleur & sur-tout l'ébullition accélerent cette destruction : c'est, à ce que je crois, la véritable raison pour laquelle on n'obtient pas ce sel en faisant évaporer la décoction de noix de galle ; alors il reste un extrait qui ressemble entièrement à celui de la noix de galle, & qui précipite tout de suite en noir les dissolutions de fer;

5°. La dissolution d'acide gallique a pris une

______

(1) Ann. de Chym., T. I.

belle couleur verte avec les alkalis fixes et volatils soit libres, soit combinés avec l'acide carbonique, & cette couleur devient si foncée qu'elle paroît noire, si l'acide gallique & la dissolution alkaline sont rapprochés : avec l'eau de chaux, l'acide gallique a pris une couleur brune rougeâtre ; la teinture rouge s'est dissipée, et il s'est fait un dépôt abondant & d'un gris tirant sur le brun.

Dans le mélange de l'acide gallique et des carbonates d'alkali, je n'ai point observé d'effervescence, non plus qu'avec le carbonate de chaux & celui de magnésie ; mais cette substance rougit la teinture de tournesol, celle de raves, &c. comme les acides ;

6°. L'infusion de noix de galle ordinaire, produit le même effet sur les couleurs végétales que l'acide gallique ; mais l'infusion de noix de galle blanche n'a aucune action sur elles.

Le papier teint avec le tournesol n'a point été altéré par l'infusion de sumac, d'écorce de prunier, d'écorce de noyer, de quinquina.

Ayant fait quatre décoctions successives de la noix de galle, qui avoit précédemment été traitée selon le procédé de Schéele, les deux dernieres n'ont point rougi le papier teint avec le tournesol, & cependant elles précipitoient encore abondamment le fer de fes diffolutions. Par l'évaporation fpontanée, je n'ai retiré aucun indice d'acide gallique de ces deux dernieres décoctions;

7°. Une diffolution de fulfate de fer mêlée avec une diffolution d'acide gallique, amenée au plus grand degré de pureté qu'on puiffe lui donner, ne se trouble point au premier inftant, & elle ne prend aucune couleur; ce n'eft que peu à peu qu'elle devient noire fans perdre fa tranfparence, ou du moins elle ne commence à la perdre qu'après plufieurs heures : une petite quantité d'infufion de noix de galle produit dans l'inftant une couleur beaucoup plus intenfe & plus opaque.

Ces obfervations prouvent d'une maniere indubitable que ce n'eft point l'acide gallique qui communique la propriété aftringente aux fubftances qui la poffedent; que cet acide lui-même n'a cette propriété qu'à un degré inférieur aux autres aftringents.

En effet le fumac traité comme la noix de galle par le procédé de Schéele, ne m'a point donné d'acide gallique quoiqu'il ait à un haut point la propriété aftringente : le brou de noix traité de même, ne m'en a également point donné.

Il paroît que la propriété qu'a l'infufion de

noix de galle ordinaire de rougir quelques couleurs végétales, ne lui vient que de l'acide gallique, puifque l'infufion de fumac, celle d'écorce
de prunier, qui précipite fort bien en noir, celle
d'écorce de noyer & celle de quinquina n'ont point
eu cette propriété ; & de là il paroît que l'acide
gallique n'exifte pas dans la noix de galle blanche.
L'infufion de noix de galle blanche expofée à l'air,
pourroit facilement en impofer, parcequ'elle fait
un dépôt abondant, mais qui n'eft pas de l'acide
gallique.

Si la propriété aftringente étoit due à un principe identique qui fût diftribué dans différents végétaux, les précipités qu'on obtient par leur
moyen d'une diffolution de fer feroient une même
combinaifon & préfenteroient les mêmes apparences & les mêmes propriétés ; mais il en eft
tout autrement : le précipité produit par la noix
de galle eft d'un bleu noirâtre ; celui du bois de
campêche a une autre nuance de bleu ; celui de
chêne eft d'un fauve ou brun noirâtre ; celui de
quinquina d'un verd noirâtre ; ils fe dépofent avec
des circonftances différentes, &, fixés fur les étoffes, ils font détruits par l'alun & le tartre beaucoup
plus facilement les uns que les autres. On ne peut
douter qu'en multipliant les expériences, l'on ne

trouve encore plusieurs différences remarquables entre les propriétés de ces différents précipités.

Les astringents forment donc avec le fer différentes especes de combinaisons, & par conséquent ils ne tiennent pas leur propriété d'un même principe qui se trouve dans différents végétaux ; mais il faut qu'il y ait une propriété commune à des substances différentes pour agir d'une maniere uniforme sur les dissolutions de fer , & pour produire des précipités qui, plus ou moins noirs, paroissent d'une même nature, à moins qu'on ne les observe avec attention.

J'ai remarqué, en analysant les effets des mordants , que les oxides métalliques qui se combinoient avec les parties colorantes modifioient leur couleurs ; mais quelques oxides métalliques, & particulièrement l'oxide de fer , ont une couleur variable, selon la quantité d'oxygène qu'ils contiennent. Le fer qui ne se trouve combiné qu'avec une petite portion d'oxygène, a une couleur noire , & forme ce qu'on appelle *éthiops martial.* Il suffiroit qu'une substance eût la propriété d'ôter à l'oxide de fer en se combinant avec lui une partie de l'oxygène qu'il a lorsqu'on le précipite d'une dissolution acide, pour lui donner une couleur noire ; et si cette substance ne dominoit pas par sa propre couleur, si sa couleur tiroit elle-même au noir, la combinaison qui se formeroit seroit noire.

Ainsi le gaz nitreux, libre, ou foiblement combiné dans l'acide nitreux, noircit les dissolutions de fer, comme je l'ai fait voir (1), et il en précipite même ce métal, en lui ôtant une partie de son oxygène.

C'est encore en agissant ainsi que l'ammoniaque peut former un précipité noir avec les dissolutions de fer : alors l'hydrogène de l'ammoniaque forme de l'eau avec l'oxygène qui est enlevé à l'oxide de fer.

Or la noix de galle, d'après les observations de M. Monnet, & des académiciens de Dijon, rapportées ci-devant, précipite l'or & l'argent de leur dissolution en les ramenant à l'état métallique. Elle a donc la propriété d'ôter l'oxygène aux métaux auxquels ce principe tient peu, & d'ôter aux autres la portion qui y adhere le moins.

L'infusion de noix de galle prend elle-même promptement une couleur brune foncée en restant

____

(1) Mém. de l'acad. 1785, p. 338. La cause de la production du noir par l'acide gallique n'a pas échappé à la sagacité de M. Fourcroy : *Il colore le fer en noir*, dit-il, *parcequ'il le rapproche de l'état métallique.* Elém. de Chym., T. III, p. 243.

exposée à l'air ; cependant j'ai éprouvé qu'elle n'abforboit pas une quantité confidérable d'air vital. L'infufion de fumac & celles de la plupart des autres fubftances végétales & particulièrement des bois & des écorces, prennent pareillement une couleur rembrunie par l'expofition à l'air, de forte qu'en agiffant fur l'oxide de fer, en lui ôtant une partie de fon oxygène, un aftringent doit prendre lui-même une couleur rembrunie qui doit concourir au noir.

L'on voit donc comment plufieurs fubftances qui ont d'ailleurs des propriétés différentes, peuvent produire du noir avec les diffolutions de fer. Parmi ces fubftances, il y en a qui font de véritables parties colorantes & qui font employées comme telles en teinture ; par exemple le bois de campêche, & même la plupart des parties colorantes forment des précipités bruns ou noirâtres avec le fer. Quelquefois l'effet aftringent n'eft pas inftantané ; mais il ne fe produit que peu à peu ; la couleur du précipité eft d'abord claire ; peu à peu elle fe fonce & fe rembrunit à mefure que le fer perd fon oxygène ; c'eft ce qu'on remarque avec l'infufion de bois jaune ; elle forme avec une diffolution de fer, un précipité jaune qui brunit peu à peu, & qui enfin paffe au noir.

Quoique

Quoique la propriété de précipiter en noir les dissolutions de fer, n'annonce pas un principe identique dans les substances qui la possedent, il n'y a cependant point d'inconvénient à l'indiquer par le nom de principe astringent, pourvu qu'on ne désigne par ce mot qu'une propriété qui est commune à un grand nombre de substances & qui peut s'y trouver dans des degrés différents.

Le principe astringent précipite le fer de presque tous les acides : il paroît, par les expériences des académiciens de Dijon, qu'il n'y a que l'acide phosphorique & l'acide arsenique, qui aient plus d'affinité que lui avec l'oxide de fer ; & l'on savoit que l'acide phosphorique avoit la propriété d'ôter le fer à l'acide sulfurique ; mais tous les acides redissolvent le précipité, & en font disparoître la couleur, jusqu'à ce qu'on les sature par un alkali, excepté l'acide acéteux, & probablement d'autres acides végétaux qui n'ont pas été essayés.

Il ne faut pas être surpris que le principe astringent puisse se combiner avec les oxides métalliques sans avoir les qualités d'un acide, car les substances animales, les huiles, les alkalis même & la chaux ont cette propriété.

C'est le précipité composé du fer & du principe astringent, qui, en restant suspendu dans la liqueur, forme l'encre ; objet qui est assez intéres-

Tome I.   **G**

fant par lui-même & par fa liaifon avec la teinture en noir pour devoir nous arrêter un inftant.

Lorfqu'on verfe un peu de diffolution de fer
dans une infufion de noix de galle, l'on voit d'a-
bord la liqueur fe noircir au point de contact;
mais le précipité qui s'eft formé fe rediffout dans
la liqueur aftringente; en continuant de verfer
affez de diffolution de fer, toute la liqueur noircit & perd fa tranfparence; fi, dans cet état on l'é-
tend d'une très grande quantité d'eau, le précipité fe dépofe peu à peu; mais le dépôt eft très
lent à fe former lorfque l'on n'a mis qu'une petite proportion de diffolution de fer; il fe fait
au contraire beaucoup plus promptement, fi l'on
verfe une affez grande quantité de diffolution de
fer pour que tout l'aftringent puiffe fe combiner;
une furabondance de fulfate de fer accélere encore cet effet.

L'on apperçoit ici les phénomènes que l'on remarque dans plufieurs autres précipitations. Le
précipité qui fe forme eft foluble jufqu'à un certain point, dans la diffolution aftringente; lorfque la diffolution eft plus avancée, la précipitation
commence; mais le précipité eft encore tenu en
fufpenfion, jufqu'à ce qu'on affoibliffe affez l'action du principe aftringent, par le mélange de
l'eau : fi le fer eft en affez grande quantité pour

épuifer l'action du principe aftringent, le précipité n'eft pas retenu & il fe dépofe beaucoup plus
promptement.

La gomme qu'on ajoute dans l'encre, s'oppofe au dépôt de la partie colorante : elle fert à
appliquer plus de cette partie colorante fur le
même trait de plume, à l'empêcher de couler &
à la garantir des impreffions de l'air. La gomme
de cerifier & celle de prunier font auffi bonnes,
felon Lewis, que la gomme arabique.

Les principes que j'ai établis fervent à expliquer plufieurs obfervations que Lewis a faites fur
cet objet, & dont je vais rapporter les principales.

L'encre qu'on fait par fimple infufion, eft
pâle, & ne noircit que lorfqu'on la conferve ;
mais fi l'on veut avoir tout de fuite une encre
noire, il faut imiter les teinturiers qui font bouillir long-temps les aftringents dans l'eau & qui
ajoutent enfuite le fulfate de fer : 1°. par l'ébullition, on diffout beaucoup plus de principe aftringent ; 2°. en ajoutant le fulfate de fer dans
la liqueur encore très chaude, l'on obtient beaucoup plus promptement l'effet analogue à une
légere combuftion qui doit s'opérer par la combinaifon de l'oxygène du principe aftringent.

G 2

L'encre récente, ainsi que les étoffes qui sortent de la teinture, prennent toujours un noir plus foncé par le contact de l'air : il paroît que cet effet dépend de ce que l'oxygène que la noix de galle peut ôter au fer, ne suffit pas pour lui donner à elle-même le degré de combustion qui lui est nécessaire pour contribuer au noir autant qu'elle le doit & que cette combustion s'acheve par l'oxygène qu'elle attire de l'atmosphere.

L'encre pour laquelle on a employé une grande proportion de sulfate de fer, brunit promptement par l'action du soleil & de l'air, & finit par devenir jaune, parceque le fer qui n'est pas saturé de principe astringent, continue d'attirer puissamment l'oxygène; que par là il perd sa couleur noire, & en prend une qui tire de plus en plus sur le jaune, & qu'en même temps la combustion du principe astringent doit faire des progrès rapides, sur-tout par l'influence de la lumiere : mais l'encre est beaucoup plus durable, si l'astringent se trouve en proportion suffisante. La meilleure, selon Lewis, est composée de trois parties de noix de galle contre une de sulfate de fer. Il a éprouvé que l'infusion de noix de galle, passée sur les caracteres qui avoient bruni ou jauni, les rétablissoit. M. Blagden

s'eft fervi avec fuccès du pruffiate d'alkali pour
reftaurer les écritures effacées par la vétufté (1), et
il l'a trouvé plus avantageux que la noix de
galle.

Quoique les chymiftes aient confidéré l'aftringent comme un principe identique, l'expérience avoit appris que toutes les fubftances aftringentes n'étoient pas également propres à former un noir beau & folide ; il eft important de déterminer celles qui peuvent être employées avec fuccès ; mais il faut obferver qu'il eft très difficile de mettre de la précifion dans les expériences comparatives que l'on fait fur cet objet, parceque quelques fubftances exigent une ébullition beaucoup plus longue que d'autres pour l'extraction de l'aftringent, que la forme plus ou moins groffiere fous laquelle on foumet ces fubftances à l'ébullition, fuffit pour donner des réfultats différents, & que les molécules colorantes ont une difpofition plus ou moins grande à fe combiner avec l'étoffe, felon les proportions de fulfate de fer qui ont été employées.

Il faut encore obferver que les diffolutions de fer, par différents acides, peuvent apporter des variations dans les réfultats, felon l'état plus ou

____

(1) Journ. de Phys. mars 1788.

moins oxygéné dans lequel le fer s'y trouve, felon la proportion plus ou moins grande de ce métal, & felon l'action plus ou moins forte que les différents acides, rendus libres, peuvent exercer fur la combinaifon qui vient de fe former. Enfin, dans la teinture d'une étoffe, l'affinité plus ou moins grande de l'étoffe pour les parties colorantes, peut encore apporter des changements dans les réfultats.

Lewis a obfervé que la décoction de campêche, employée au lieu d'eau fimple, pour l'infufion de noix de galle, a augmenté la beauté de l'encre, fans la rendre plus pâle : le sumac, l'écorce de prunier, de grenade, les fleurs de grenade, les racines de biftorte, de tourmentille, l'écorce de chêne, n'ont pas eu l'efficacité de la noix de galle. Dans des effais de teinture, il a éprouvé que le fumac, l'écorce de chêne, la fciure du même bois ne pouvoient remplacer la noix de galle, qu'en les employant en proportions plus confidérables.

M. Beunie a publié un grand nombre d'expériences intéreffantes (1) : il a eu pour objet de

____

(1) Mémoire fur la Teinture en noir, qui a remporté le prix de la fociété littéraire de Bruxelles en 1771. Rotterdam 1777.

déterminer le procédé le plus propre à donner un noir folide fur le coton. Il a d'abord effayé quelle étoit la diffolution de fer qui donnoit le plus beau noir au coton engallé ; enfuite il a combiné différentes diffolutions : il a éprouvé la folidité des noirs qu'il produifoit ; il a fait fur du coton engallé, les mêmes tentatives avec d'autres métaux & demi-métaux ; il a employé de la même maniere, un grand nombre d'aftringents, & il a foumis aux effais des cotons qui avoient reçu différentes préparations. On trouvera dans la fection du fecond volume qui traite de la teinture en noir, les procédés auxquels ces expériences multipliées l'ont conduit.

Sur 21 efpeces d'aftringents comparés à la noix de galle, la fçiure de bois de chêne, la noix de galle du pays, & les myrobolans citrins, font les feules fubftances qui aient procuré un beau noir, mais qui n'étoit encore, ni fi beau, ni fi folide que celui qu'il a obtenu par la noix de galle ordinaire. Il a trouvé que la fçiure de bois de chêne étoit préférable à l'écorce qui eft employée par les teinturiers en fil, & il a obfervé qu'elle eft à meilleur marché.

Nous fûmes engagés, MM. Lavoifier, Vandermonde, Fourcroy & moi à faire des recher-

hes fur différents aftringents pour un rapport
dont l'académie nous avoit chargés. Les fubftances fur lefquelles nous crûmes devoir établir
des expériences de comparaifon, font la noix de
galle, l'écorce de chêne, la râpure de chêne
prife dans l'intérieur du bois, la râpure d'aubier
de chêne, le bois de campêche, le sumac.
Pour déterminer la proportion de principe aftringent contenu dans ces fubftances, nous prîmes
fucceffivement 2 onces de chacune, que nous fî-
mes bouillir pendant une demi - heure dans 3
livres d'eau; à cette premiere eau nous en fî-
mes fuccéder une feconde qui fubit une même
ébullition, & nous continuâmes jufqu'à ce que
ces fubftances nous parurent épuifées : nous mê-
lâmes enfemble les décoctions que nous avions
fucceffivement obtenues. Nous nous fervîmes
d'une diffolution de fulfate de fer bien claire,
dans laquelle nous connoiffions bien exactement
la proportion d'eau & de fulfate. Nous jugeâmes
d'abord de la quantité du principe aftringent, par
la quantité de fulfate que chaque liqueur pouvcit
décompofer, & enfuite par le poids du précipité
noir qui fe formoit. Pour s'arrêter précifément
au point de faturation, il faut procéder très lentement à la précipitation, ne verfer fur la fin,

que goutte à goutte, la dissolution de sulfate, &
s'arrêter au moment où une nouvelle addition de
cette substance n'augmente plus l'intensité de la
couleur noire. Quand la liqueur est trop opaque
& qu'on ne peut plus distinguer la nuance de la
couleur, on en étend une petite portion dans
beaucoup d'eau, & en y ajoutant au bout d'un
tube de verre, un peu de dissolution de sulfate
de fer, on reconnoît si on a atteint le point de
saturation : si l'on veut retenir ensuite le précipité
qui se forme, il faut étendre la liqueur de
beaucoup d'eau.

Cette opération mérite attention, parceque
c'est un moyen facile & exact de déterminer
dans les atteliers les justes proportions des astringents & des dissolutions de fer.

Pour saturer la décoction de deux onces de noix
de galle, il a fallu 3 gros 61 grains de noix de
galle ; ayant rassemblé & séché le précipité, il a
pesé 7 gros 24 grains.

La décoction d'écorce de chêne est d'une
couleur jaune foncée; une très petite quantité
de sulfate de fer lui donne une couleur rougeâtre sale ; une addition plus considérable la fait
passer au brun noir. La quantité de sulfate nécessaire pour saturer la décoction de 2 onces de
cette écorce, a été de 18 grains. Le précipité

raſſemblé & ſéché étoit en molécules plus grof-
ſieres , plus difficiles à diviſer & peſoit 22
grains ; le liber de chêne a préſenté , à très peu
de choſes près , les mêmes réſultats.

La décoction de la râpure du cœur de chêne a
exigé pour ſa ſaturation , un gros 24 grains , &
le précipité a peſé un gros 24 grains ; la décoction de l'aubier de chêne a donné très peu de
précipité.

La décoction de ſumac a pris une couleur
rouge violette lorſqu'on y a ajouté un peu de
diſſolution de ſulfate de fer. La quantité nécef-
ſaire à la ſaturation a été de 2 gros 18 grains. Un
accident nous a empêché de conſtater le poids
du précipité ; il reſſembloit parfaitement à celui
que donne la noix de galle.

La décoction de campêche s'eſt colorée en
bleu de ſaphir par l'addition de ſulfate de fer :
ſi l'on excede le point de ſaturation , le bleu devient verdâtre & ſe ſalit. La quantité néceſſaire
pour atteindre le point de ſaturation s'eſt trouvée
d'un gros 48 grains , & le poids du précipité a été
de 2 gros 11 grains. Tous les précipités de chêne
ſe forment facilement ; celui de campêche un peu
plus difficilement , mais cependant avec plus de
facilité que celui de noix de galle.

Nous avons enſuite conſtaté par des épreuves ,

sur le drap, que les quantités d'aftringents propres
à donner à un poids égal du même drap une couleur noire de pareille intensité, étoient proportionnelles aux quantités de principe aftringent que
nous avions déterminées dans chaque espece par les
expériences précédentes ; mais le noir qu'on obtient avec les différentes parties de chêne ne résiste
pas, à beaucoup près, autant au débouilli que celui
qu'on a produit avec la noix de galle.

Il ne paroît pas que le campêche puisse donner
feul un noir aussi intense que la noix de galle ou
le chêne, & de plus, la couleur qu'il produit ré-
fiste beaucoup moins au débouilli que celle qui
vient de la noix de galle.

On lit dans les mémoires de Stockholm pour
l'année 1763, qu'on peut substituer à la noix de
galle *l'uva urfi* cueilli en automne & séché avec
foin, afin que ses feuilles restent vertes.

La théorie que j'ai exposée sur les aftringents est
bien éloignée d'être complete dans ses différentes parties; mais elle établit des principes dont
l'application pourra ensuite se faire par des expériences qui doivent être beaucoup plus multipliées & plus précises que celles qui ont été tentées
jusqu'à présent. Il faudroit cependant se borner
à examiner, sous ce point de vue, les principaux

aſtringents, parceque le plus grand nombre des végétaux poſſede plus ou moins la propriété aſtringente, ainſi qu'on peut en juger par les épreuves de Bergius (1) & de M. Durande (2).

Après avoir conſidéré le principe aſtringent ſous ſes rapports avec les diſſolutions de fer, il doit encore l'être ralativement à la propriété qu'il a de ſe combiner avec les ſubſtances végétales & animales, & principalement avec les dernieres. La ſoie prend par l'engallage, qui conſiſte à faire macérer une étoffe dans une décoction de noix de galle (3), un poids qui ne peut lui être ôté, ou qui ne peut être diminué que juſqu'à un certain point par les lavages réitérés; après cette opération, l'étoffe paſſée dans une diſſolution de fer, s'y teint en noir, parceque le principe aſtringent, en décompoſant le ſulfate de fer, forme avec l'oxide de fer & l'étoffe une combinaiſon triple.

Une étoffe engallée peut ſe combiner avec d'autres parties colorantes, dont les couleurs acquie-

______

(1) Materia medica è regno vegetabili.

(2) Mém. ſur les parties aſtringentes indigènes. Acad. de Dijon 1783.

(3) Je donnerai le nom d'engallage à l'opération par laquelle on combine un aſtringent avec une étoffe, quelle que ſoit la nature de l'aſtringent & l'eſpece de l'étoffe.

rent par là de la fixité, fi elles n'en ont pas par elles-mêmes; de forte que l'aftringent communique fa folidité à la combinaifon triple, & quelquefois plus complexe qui s'eft formée; mais ordinairement la couleur devient plus foncée par cette combinaifon.

En fe combinant avec les fubftances animales, le principe aftringent les met à l'abri de la corruption, & il tend à refferrer le tiffu de leurs parties; c'eft en cela que confifte le tannage, qui eft la bafe de la préparation des cuirs.

Sans doute le prix que l'académie des fciences vient de propofer fur cet art important, nous procurera de plus grandes lumieres, & fervira à fes progrès; mais j'ai efpéré que les conjectures que j'avois formées, ne feroient pas inutiles à ceux qui s'occuperont de cet objet.

Une once de noix de galle diftillée à une forte chaleur, a donné trois gros de charbon; une once de fucre, deux gros douze grains; une once des parties colorantes du lin, deux gros vingt-quatre grains; une once de bois de prunier bien fec, un gros quarante-huit grains; une once de bois de noyer fec, également un gros quarante-huit grains: de forte que la noix de galle laiffe prefque le double de charbon qu'un bois dur & fec. J'ai remarqué ailleurs (1) que lorsqu'on décompofoit l'infufion de noix de galle & celle de fumac par le moyen de l'acide muriatique oxygéné, il fe formoit principalement dans la premiere un dépôt abondant de charbon.

D'après ces obfervations, je regarde l'abondance du charbon comme le caractere effentiel du principe aftringent : l'hydrogène, qui ne s'y trouve qu'en petite quantité, eft cependant fort difpofé à fe combiner en partie avec l'oxygène ; de là vient que lorfqu'on laiffe l'infufion de noix de galle en contact avec l'air vital, il ne fe fait qu'une petite abforption d'air vital, & cependant la couleur de l'infufion devient beaucoup plus foncée ; car, conformément à la théorie que j'ai expofée dans le chapitres 3, & particulièrement dans les Annales de Chymie (2), par cette légere combuftion, le charbon devient facilement prédominant, & la couleur fe fonce & fe rembrunit.

Une fubftance qui contient beaucoup de charbon & qui ne peut éprouver qu'un léger degré de combuftion, doit avoir de la ftabilité dans fon état, parcequ'à la température ordinaire, le char-

______

(1) Ann. de Chym., T. VI.
(2) Ibid.

bon ne se combine pas avec l'oxygène, à moins que cette combinaison ne soit favorisée par d'autres affinités, & parceque de légers changements dans la température n'en produisent pas dans les dimensions du charbon ; au contraire, les substances qui contiennent beaucoup d'hydrogène & dans lesquelles les molécules de l'hydrogène se trouvent divisées, doivent facilement se décomposer par la combinaison de l'hydrogène avec l'azote ou avec l'oxygène. La désunion de leurs parties doit s'opérer par les petits changements de température, parceque l'hydrogène est dilatable par la chaleur, pendant que les parties charbonneuses ne le font pas. C'est ainsi que, selon la remarque ingénieuse de M. Monge, un métal très fusible, allié à un métal qui l'est beaucoup moins, rend celui-ci cassant à un degré de chaleur, qui, en fondant le premier, rompt la continuité des parties de l'alliage.

Lors donc que le principe astringent s'est combiné avec une substance animale, il lui communique les propriétés qu'il doit au charbon ; la substance animale devient moins altérable par de légers changements de température ; au lieu de se putréfier, elle éprouve une légère combustion par l'action de l'air ; car le tannage ne pourroit probablement pas s'opérer dans un vaisseau exactement fermé : l'effet de cette combuſtion eſt le reſſerrement des parties qui lui-même intervient enſuite comme cauſe conſervatrice. Les opérations préliminaires du tannage conſiſtent principalement à extraire toutes les parties graſſes qui ſont répandues dans le tiſſu cellulaire des peaux, pour que le principe aſtringent & même l'air puiſſent pénétrer par-tout.

Si j'examine les analyſes qu'on a faites de l'indigo, qu'on peut regarder comme la partie colorante la moins altérable de celles qui ſont connues, j'obſerve que cette ſubſtance laiſſe dans la diſtillation une plus grande proportion de charbon que la noix de galle elle-même. (Sect. II , vol. II). Je néglige dans ces conſidérations, le charbon qui entre dans la compoſition de l'huile épaiſſe que l'on retire principalement de l'indigo , & celui qui ſe dégage ſous la forme d'acide carbonique & de gaz hydrogène carboné.

Il me paroît que c'eſt également à cette abondance de charbon qu'il faut attribuer la fixité de la couleur de l'indigo , & que la proportion de ce principe eſt la cauſe principale de la différence que l'on obſerve dans la fixité des couleurs ; mais la force d'adhéſion peut auſſi beaucoup influer ; car un principe qui s'unit intimement

ment avec une autre fubftance doit former une combinaifon plus conftante que celle qui n'a qu'une foible difpofition à s'unir avec elle ; or le principe aftringent poffede à un haut degré cette difpofition à fe combiner fortement, particulièrement avec les fubftances animales. J'expliquerai par les mêmes principes la fixité que communiquent aux parties colorantes l'alumine & ceux des oxides métalliques qui ne font pas fujets à avoir différentes proportions d'oxygène, tèls que l'oxide d'étain.

Toutes les fubftances colorantes qui peuvent fe combiner avec les oxides métalliques exercent fur eux une action analogue à celle des aftringents. Les oxides font par là plus ou moins privés de leur oxygène, felon la force avec laquelle ils le retiennent, l'énergie de l'affinité par laquelle les parties colorantes tendent à fe combiner avec eux, les proportions dans lefquelles ils fe rencontrent, & la difpofition plus ou moins grande que les parties colorantes ont à fubir la combuftion. De leur côté les parties colorantes éprouvent un changement dans leur conftitution en raifon de ces circonftances ; ainfi les diffolutions de fer rembruniffent toutes les couleurs dans lefquelles l'oxide de fer peut entrer, quoiqu'il n'ait qu'une couleur verte ou jaune dans l'é

Tome I.								H

tat dans lequel il eſt tenu en diſſolution par les
acides , & cet effet va en croiſſant juſqu'à un certain point ; mais l'altération des parties colorantes
peut enſuite être pouſſée à un degré auquel leur
couleur eſt dénaturée , & leur tendance à la combinaiſon diminuée ; alors l'oxide de fer eſt ramené
au jaune par l'oxygène qu'il atitre & qu'il peut
conſerver.

L'action mutuelle des parties colorantes & des
oxides métalliques explique les changements que
l'on obſerve dans les diſſolutions des parties colorantes, lorſqu'on y mêle des diſſolutions métalliques. L'effet qui ſe produit eſt graduel, comme
je l'ai fait remarquer relativement au bois jaune.
Quelquefois le mélange ne ſe trouble pas même
au premier inſtant ; peu à peu il perd ſa tranſpa-
rence ; le précipité commence ; le dépôt ſe forme
& ſa couleur ſe fonce de plus en plus. La lumiere
peut influer conſidérablement ſur ces effets.

CHAPITRE VI.

Résumé de la théorie qui a été exposée dans cette section.

Il faut diftinguer les couleurs métalliques de celles qui font propres aux fubftances végétales & animales.

Les couleurs des métaux font modifiées & changées par l'oxidation & felon la proportion d'oxygène qui fe combine avec eux.

Les fubftances végétales & animales peuvent avoir par elles-mêmes une couleur particuliere qui varie dans les états différents par où elles paffent, ou bien elles doivent leurs couleurs à des molécules colorées qui s'y trouvent combinées ou fimplement mêlées. Ce font des molécules de cette efpece qui font extraites de plufieurs fub- ftances & qui reçoivent différentes préparations pour fervir aux ufages de la teinture.

Les parties colorantes ont des propriétés chy- miques qui les diftinguent de toutes les autres fubftances : les affinités qu'elles ont avec les aci- des, les alkalis, les terres, les oxides métalli- ques, l'oxygène, la laine, la foie, le coton & le lin, conftituent principalement ces propriétés.

Selon l'affinité que les parties colorantes ont

avec la laine, la foie, le coton & le lin, elles fe combinent plus ou moins facilement, plus ou moins intimement avec chacune de ces fubftances; & de là naît une premiere différence dans les procédés quel'on emploie, felon la nature de l'étoffe & celle de la fubftance colorante.

Par l'affinité que les parties colorantes ont avec l'alumine et les oxides métalliques, elles forment avec ces fubftances une combinaifon dans laquelle leur couleur eft plus ou moins modifiée, & devient plus ftable, plus infenfible aux agents extérieurs qu'elle n'étoit. Cette combinaifon fe trouvant formée de principes qui ont par eux-mêmes la faculté de s'unir avec les fubftances végétales & principalement avec les fubftances animales, conferve cette propriété; elle forme une combinaifon triple avec l'étoffe; & la couleur, qui a été encore modifiée en formant cette triple union, acquiert une plus grande fixité, une plus grande infenfibilité aux agents extérieurs.

Souvent les parties colorantes ont une telle affinité avec l'alumine & les oxides métalliques, qu'elles les féparent des acides qui les tenoient en diffolution & fe précipitent avec eux; mais quelquefois il faut que l'affinité de l'étoffe décide cette féparation.

Les oxides métalliques qui fe combinent avec

les parties colorantes , non feulement modifient leurs couleurs par celle qui leur eft propre , mais ils agiffent encore fur leur compofition par leur oxygène. Le changement que les parties colorantes éprouvent par là eft femblable à celui que leur fait fubir l'air qui dégrade plus ou moins toutes les couleurs.

Des deux principes qui compofent l'air de l'atmofphere, il n'y a que l'air vital ou gaz oxygène qui agiffe fur les parties colorantes : il fe combine avec elles, & alors il affoiblit & pâlit leur couleur; mais bientôt fon action fe porte principalement fur l'hydrogène qui entre dans leur compofition, & il forme de l'eau. Cet effet doit être confidéré comme une véritable combuftion. Par là , le charbon qui entre dans la compofition des parties colorantes , devient prédominant, & la couleur paffe ordinairement au jaune, au fauve, au brun, ou cette dégradation, en s'alliant avec ce qui refte de la premiere couleur, produit d'autres apparences.

La lumiere favorife la combuftion des parties colorantes qui fouvent ne peut s'exécuter fans fon concours, & c'eft ainfi qu'elle contribue à la deftruction des couleurs. La chaleur la favorife auffi, mais moins efficacement que la lumiere , à moins qu'elle n'ait une certaine intenfité.

H 3

C'est à une pareille combuſtion que ſont dûs les effets de l'acide nitrique, de l'acide muriatique oxygéné & même de l'acide ſulfurique, lorſqu'ils font paſſer depuis le jaune juſqu'au noir les ſubſtances ſur leſquelles ils agiſſent (1).

Les effets de la combuſtion peuvent être déguiſés par l'oxygène qui ſe combine avec les molécules colorantes, ſans porter particulièrement ſon action ſur l'hydrogène.

____

(1) Il y a un grand nombre d'autres phénomènes naturels outre ceux que j'ai indiqués (*Ann de Chym.*, T. VI), dans leſquels la formation de l'eau me paroît indubitable ; ainſi la ſaveur acerbe des fruits qui ne ſont pas mûrs eſt probablement due à l'oxygène foiblement combiné ; mais, dans la maturation, le fruit qui étoit dur ſe ramollit ; il ſe forme de l'eau ; le ſuc devient abondant & ſucré : or le ſucre contient une portion conſidérable de charbon Lorſque la maturité eſt trop avancée & que les fruits éprouvent la dégénération qui leur eſt propre, leur couleur indique la ſurabondance du charbon. Il paroît par les expériences du célebre M. Ingen-Houze (*Exp. ſur les végét.*, T. II), que la combuſtion ſe fait à la ſurface des fruits expoſés au ſoleil d'une manière aſſez vive pour qu'il ſe forme de l'acide carbonique.

Le fumier ſeul ou mêlé avec la paille ſe convertit en terreau par une combuſtion qui eſt même acccompagnée d'une chaleur conſidérable, de ſorte que le charbon devient ſurabondant dans le dernier ; de là dépendent probablement pluſieurs phénomènes de la végétation.

Les couleurs font plus ou moins folides, plus ou moins fixes, felon la difpofition plus ou moins grande que les parties colorantes ont à éprouver cette combuftion, & à l'éprouver d'une maniere plus ou moins avancée.

Quelques fubftances peuvent encore agir fur les couleurs des étoffes par une affinité fupérieure, par une force diffolvante, & c'eft en quoi confifte l'action des acides, des alkalis, du favon : cependant une petite partie de ces agents peut quelquefois fe furcompofer avec l'étoffe & altérer par là fa couleur.

Les oxides métalliques produifent dans les parties colorantes avec lefquelles ils s'uniffent une combuftion proportionnée à la quantité d'oxygène qui peut leur être enlevée par ces molécules.

Les couleurs que prennent les combinaifons des oxides métalliques avec les parties colorantes font donc un produit & de la couleur propre aux parties colorantes & de celle de l'oxide métallique ; mais il faut confidérer les parties colorantes & les oxides métalliques dans l'état où les ont réduits la diminution de l'oxygène dans les oxides, la diminution de l'hydrogène dans les parties colorantes.

Il fuit de là, 1°. que les oxides métalliques dans lefquels l'oxygène eft peu adhérent, ne font pas propres à fervir d'intermède aux parties colo-rantes, parcequ'ils y produifent une combuftion trop confidérable ; tels font les oxides d'argent, d'or & de mercure ;

2°. Que les oxides qui, en cédant plus ou moins d'oxygène, éprouvent des changements confidérables dans leur couleur, font encore de mauvais intermèdes, fur-tout pour les nuances claires, parcequ'ils produifent des couleurs varia-bles ; tels font les oxides de cuivre, de plomb & de bifmuth ;

3°. Que les oxides qui retiennent avec force leur oxygène, & qui changent très peu de couleur, lorfqu'ils en ont perdu une portion, font les plus propres à remplir cet objet ; tel eft particu-lièrement l'oxide d'étain, qui abandonne facile-ment fon diffolvant, qui a une forte affinité avec les parties colorantes, & qui leur prête une bafe très blanche & propre à donner de l'éclat à leurs nuances fans les altérer par le mélange d'une au-tre couleur. L'oxide de zinc a une partie de ces propriétés.

Pour rendre raifon des couleurs qui réfultent de la combinaifon des parties colorantes avec la bafe que leur donne un mordant, il faut encore faire attention à la proportion dans laquelle les parties colorantes s'uniffent avec cette bafe ; ainfi la diffolution d'étain qui forme un précipité très abondant avec une diffolution de parties colorantes, & qui prouve par là que l'oxide d'étain entre en grande proportion dans le précipité, influe beaucoup plus par la blancheur de la bafe fur la couleur du précipité que la diffolution du zinc & que celle d'alun, qui ne forment ordinairement qu'un précipité beaucoup moins confidérable. Les précipités produits par ces deux dernieres fubftances retiennent, à peu de chofe près, la couleur naturelle des parties colorantes.

Il faut donc diftinguer dans l'action des mordants les combinaifons qui peuvent fe former par leur moyen entre les parties colorantes, l'étoffe & l'intermède, les proportions de la fubftance colorante & de l'intermède, les modifications de couleur qui peuvent réfulter de l'alliage de la couleur des parties colorantes & de celles de la bafe à laquelle elles font unies, & enfin les changements que les parties colorantes peuvent éprouver par la combuftion qui peut être produite par l'intermède.

Les aftringents ne doivent pas la qualité qui les diftingue à un acide ou à un autre principe identique, mais à la propriété qu'ils ont de fe combiner avec l'oxide de fer, de le ramener à l'état d'oxide noir, & de prendre eux-mêmes une cou leur rembrunie par la combuſtion qu'ils éprouvent par là.

La noix de galle, qu'il faut regarder comme le type des aſtringents, éprouve facilement une légere combuſtion qui lui donne une couleur brune foncée ; mais cette combuſtion, qui n'exige qu'une petite quantité d'oxygène, s'arrête bientôt ſans porter atteinte à ſes propriétés.

Cette ſubſtance doit ſa ſtabilité à la grande proportion de charbon qu'elle contient ; & comme elle a la propriété de ſe combiner avec quelques ſubſtances végétales, avec pluſieurs parties colorantes & principalement avec les ſubſtances animales, elle ſert d'intermède entre elles & leur communique ſa ſtabilité.

SECTION II.

Des opérations de la Teinture en général.

CHAPITRE PREMIER.

Des différences qui distinguent la laine, la soie, le coton & le lin. & des opérations par lesquelles on dispose ces substances à la teinture.

ARTICLE PREMIER.

Considérations sur la différence des substances animales & des substances végétales.

L'on ne peut se flatter de rendre raison de plusieurs propriétés qui dépendent de la composition des corps organisés ; toutefois les connoissances que nous avons acquises sur la composition des substances végétales & des substances animales, peuvent nous faire entrevoir la cause des dispositions différentes que la laine, la soie, le coton, le lin, ont à s'unir avec les parties colo-

rantes & avec les bases que peuvent leur fournir
les mordants.

La laine & la soie appartiennent aux substances
animales; le coton, le lin & le chanvre aux substances végétales.

Ce qui distingue principalement les substances
animales des végétales dans leur composition, c'est
que les substances animales contiennent abondamment un principe particulier , l'*azote* qui,
lorsqu'il est dans l'état élastique, forme ce qu'on a
appellé gaz *phlogistiqué*, air *phlogistiqué*, & qui
ne se trouve qu'en petite quantité dans les substances végétales ; 2°. que les substances animales
contiennent beaucoup plus d'hydrogène ou base
du gaz inflammable.

De ces deux causes viennent les différences
qu'on observe dans la distillation des substances
animales & végétales. Les premieres produisent
beaucoup d'ammoniaque, qui est un composé
d'azote & d'hydrogène ; les secondes en donnent
fort peu , & même elles donnent ordinairement
un acide. Les premieres donnent beaucoup
d'huile dont le principe dominant est l'hydrogène,
qui a une grande disposition à se volatiliser & à
se séparer à un degré de température un peu élevé ; & les secondes quelquefois n'en fournissent
pas une quantité sensible. Par une suite de cette

composition, les substances animales produisent
en brûlant, une flamme vive qui éclate dans le
commencement ; mais cette flamme est, pour ainsi
dire, promptement étouffée par le charbon qui se
forme & qui a lui-même des caracteres particuliers ; leur combustion est accompagnée d'une
odeur pénétrante, qui est due à l'ammoniaque & à
l'huile qui se forment, & qui échappent à l'inflammation : elles sont sujettes à la putréfaction
dans laquelle l'ammoniaque se forme, comme
dans la distillation, par l'union plus intime de
l'azote & de l'hydrogène, au lieu que les substances végétales subissent une fermentation spiri-
tueuse ou acide. Je ne fais qu'indiquer ici ces idées
que j'ai développées dans quelques mémoires.

Les substances animales contenant beaucoup
de principes disposés à prendre l'état élastique,
ont moins d'adhérence que les végétales dans
leurs molécules, & plus de dispositions à se combiner avec d'autres substances.

De là elles sont plus sujettes à être détruites
par différents agents & plus disposées à se combiner avec les parties colorantes.

Ainsi les alkalis fixes, purs ou caustiques dé-
truisent les substances animales, parcequ'ils se
combinent avec elles, qu'ils s'en saturent, & ils
perdent par là leur causticité (*Mém. de l'ac.* 178 3.)

De cette action des alkalis fur les fubftances animales il réfulte que ces fubftances ne peuvent foutenir les leffives, & que l'emploi des alkalis ne peut fe faire qu'avec beaucoup de réferve dans les procédés par lefquels on les teint, au lieu qu'on n'a point à redouter l'ufage des alkalis pour les fubftances végétales.

L'acide nitrique & l'acide fulfurique ont auffi beaucoup d'action fur les fubftances animales ; le premier les décompofe, en dégage l'azote, en fépare de la graiffe & forme de l'acide carbonique & de l'acide oxalique avec une partie de l'hydrogène & une partie du charbon ; le fecond en dégage du gaz inflammable, probablement du gaz azote, & réduit les autres principes dans l'état charbonneux.

La foie paroît fe rapprocher un peu des fubftances végétales par une difpofition moins grande à fe combiner avec les parties colorantes & par plus de réfiftance à l'action des alkalis & à celle des acides; ce qui peut venir ou de ce que les mêmes principes s'y trouvent plus intimement combinés que dans la laine, ou plus probablement de ce qu'il s'y trouve moins d'azote & d'hydrogène : mais, quoique l'action que les alkalis & les acides exercent fur la foie foit moins vive que fur la laine, il faut néanmoins en faire ufage avec beaucoup de précaution, parceque l'éclat des couleurs qu'on desire dans la soie paroît dépendre du poli de sa surface, & qu'il n'y faut pas porter atteinte.

Le coton résiste mieux que le lin & le chanvre à l'action des acides, & c'est avec peine qu'on vient à bout de le détruire même par l'acide nitrique.

A R T. I I.

De la laine.

Les principales différences de la laine consistent dans la longueur & dans la finesse de ses filaments. Celle dont les filaments ont une grande finesse est réservée pour les draps les plus fins. La plus belle nous vient d'Espagne. M. d'Aubenton a prouvé qu'on peut s'en procurer en France qui ne le cede pas à celle d'Espagne, en faisant parquer les moutons pendant toute l'année & en choisissant avec soin les béliers. Comme la vue simple trompe facilement sur la finesse de la laine, qu'il est pourtant important aux manufacturiers de connoître avec précision, il a donné le moyen de parvenir à cette précision en se servant d'un micromètre pour comparer au microscope la finesse des laines qu'on veut examiner avec celle des laines qu'on choisit pour terme de comparaison (1).

Quoique la laine longue ait moins de finesse que celle d'Espagne, & qu'elle ne puisse servir aux draps fins, elle est cependant d'un usage très utile pour les draps qu'on connoît sous le nom de draps anglois ; & comme les moutons qui la donnent ont des toisons beaucoup plus fortes, les avantages qu'ils procurent ne sont pas inférieurs à ceux des laines fines, d'autant plus que les draps qu'on fabrique avec leur laine étant moins chers, sont d'un débit beaucoup plus étendu; & c'est en partie à l'abondance de cette laine que les Anglois doivent la prospérité de leur commerce. Mais la race des moutons qui donne l'une ou l'autre espece de laine, a des rapports avec la nature des pâturages, qui doit déterminer sur le choix qu'on en fait.

Il est d'une telle importance pour notre industrie de multiplier nos troupeaux & de perfectionner nos laines, qu'on ne doit perdre aucune occasion de réveiller l'attention du public sur cet objet.

La laine est naturellement enduite d'une espece de graisse qu'on appelle suint ; cet enduit la

_____

(1) Mém. de l'acad. 1779. Instructions pour les bergers & pour les propriétaires de troupeaux.

préserve

préſerve des teignes (1) ; de ſorte qu'on ne lui fait
ſubir le dégraiſſage que lorſqu'on ſe diſpoſe à la
teindre ou à la filer.

Pour dégraiſſer la laine , on la met environ un
quart-d'heure dans une chaudiere qui contient
une quantité ſuffiſante d'eau mêlée d'un quart
d'urine putréfiée & échauffée au point de pouvoir
ſeulement y ſouffrir la main, en la remuant de
temps en temps avec des bâtons : on la leve enſuite & on la met égoutter ; on la porte de là dans
une grande corbeille placée dans une eau courante, & on la remue juſqu'à ce que la graiſſe en
ſoit entièrement ſortie & ne rende plus l'eau
laiteuſe ; on la retire alors & on la met égoutter.
Elle perd quelquefois dans cette opération plus
d'un cinquieme de ſon poids. Il eſt important que
le dégraiſſage ſe faſſe avec ſoin, parceque la laine
en eſt mieux diſpoſée à recevoir la teinture.

L'ammoniaque ou alkali volatil qui s'eſt formé
dans l'urine putréfiée ſe combine avec le ſuint ,
forme une eſpece de ſavon avec lui, & par là le
rend ſoluble dans l'eau.

On teint la laine en toiſon, ou ſans être filée ,
principalement lorſqu'elle eſt deſtinée à former

---

(1) Reaumur a obſervé qu'il ſuffiſoit de frotter avec la
laine graſſe une étoffe pour la préſerver des teignes. *Mém.
de l'acad.* 1728.

des draps de couleurs mélangées, ou bien on la teint lorsqu'elle est filée ; elle est alors destinée principalement aux tapisseries, mais le plus ordinairement c'est sous la forme de drap qu'elle est mise en teinture.

Lorsqu'on teint la laine en toison, ses filaments isolés absorbent une plus grande quantité de parties colorantes que lorsqu'elle est filée ; par la même raison, la laine filée en consomme plus que le drap : mais les draps présentent entre eux beaucoup de variété, selon leur degré de finesse & leur tissu plus ou moins serré ; de plus, la différence des dimensions qu'on leur donne, les qualités variables des ingrédients de teinture dont on se sert, & les circonstances différentes des opérations, empêchent qu'on ne puisse donner confiance aux doses précises que l'on trouve prescrites dans les procédés qui sont décrits. Cette considération doit s'étendre à toutes les teintures.

Pour la plupart des couleurs, la laine a besoin d'être préparée par un bain dans lequel on la fait bouillir avec des substances salines, & principalement avec l'alun & le tartre ; c'est ce qu'on appelle le bouillon, que l'on aura soin de décrire dans les différents procédés : mais il y a des teintures pour lesquelles la laine n'a pas besoin de ces préparations ; alors il faut la bien mouiller

dans l'eau tiede, & enfuite l'exprimer ou la laiffer
égoutter. C'eft une précaution qu'il faut prendre
généralement pour toutes les fubftances qu'on
veut teindre, pour que la couleur s'y introduife
plus facilement & qu'elle puiffe s'y diftribuer
également.

M. Monge a expliqué le méchanifme du feûtrage & les effets du foulage par la conformation
extérieure de la laine & des poils des animaux. Il
a fait fur cet objet des obfervations curieufes (1),
dont je vais rapporter les principales.

L'on ne peut rien découvrir de particulier
par le moyen du microfcope à l'extérieur des
brins de laine & des poils des animaux ; cependant, « les furfaces de ces objets ne font pas
« liffes ; elles doivent être formées ou de lamel-
« les qui fe recouvrent les unes les autres de la
« racine à la pointe, à-peu-près comme les
« écailles de poiffons fe recouvrent de la tête de
« l'animal vers la queue, ou peut-être mieux en-
« core des zones fuperpofées, comme on l'obferve
« dans les cornes.

« Si d'une main on prend un cheveu par la ra-
« cine & qu'on le faffe gliffer entre les deux

____

(1) Obfervations fur le méchanifme du feûtrage *Ann. de
Chym.*, T. VI.

I 2

« doigts de l'autre main , de la racine vers la
« pointe , l'on n'éprouve presque aucun frotte-
« ment, aucune résistance , & l'on n'entend au-
« cun bruit ; mais si, en le pinçant par la pointe ,
« on le fait glisser de même entre les doigts de
« l'autre main, de la pointe vers la racine, on
« éprouve une résistance qui n'avoit pas lieu dans
« le premier cas, & il se produit un frémisse-
« ment perceptible au tact , & qui se manifeste
« encore par un bruit sensible à l'oreille.

« On voit déja que la contexture de la surface
« du cheveu n'est pas la même de la racine vers
« la pointe que de la pointe vers la racine, &
« qu'un cheveu, lorsqu'il est pressé, doit éprou-
« ver plus de résistance pour glisser & prendre
« un mouvement progressif vers la pointe que
« pour glisser vers la racine ; mais comme c'est
« cette contexture elle-même qui fait l'objet
« principal de ce mémoire, il est nécessaire de
« la confirmer encore par quelques autres obser-
« vations.

« Si, après avoir saisi un cheveu entre le pouce
« & l'index, on fait glisser les deux doigts alter-
« nativement l'un sur l'autre & dans le sens de
« la longueur du cheveu, le cheveu prend un
« mouvement progressif dans le sens de sa lon-
« gueur, & ce mouvement est toujours dirigé

« vers la racine. Cet effet ne tient ni à la nature
« de la peau des doigts ni à sa contexture , car
« si on retourne le cheveu de maniere que la
« pointe soit à la place de la racine , réciproque-
« ment le mouvement a lieu en sens contraire ,
« c'est-à-dire qu'il est toujours dirigé vers la ra-
« cine.

« Ces observations , auxquelles M. Monge en
« ajoute quelques autres , sont toutes rapportées
« sur le cheveu pris pour exemple ; mais elles
« ont également lieu pour les crins , pour les
« brins de laine , & en général pour les poils de
« tous les animaux. La surface de tous ces objets
« est donc formée de lamelles rigides , superpo-
« sées ou tuilées de la racine à la pointe , qui
« permettent le mouvement progressif vers la
« racine & s'opposent à un semblable mouvement
« vers la pointe.

« C'est cette conformation qui est la principale
« cause de la disposition au feûtrage qu'ont en
« général les poils de tous les animaux.

« En effet le chapelier , en frappant avec la
« corde de son archet les flocons de laine , déta-
« che & isole en l'air chacun des brins en parti-
« culier ; ces brins retombent les uns sur les au-
« tres & dans toutes sortes de directions sur la ta-
« ble , où ils forment une couche d'une certaine

« épaiſſeur ; puis l'ouvrier les recouvre d'une
« toile qu'il preſſe avec les mains étendues &
« en agitant les mains dans différents ſens.
« La preſſion rapproche les brins de laine les
« uns des autres & multiplie leurs points de con-
« tact ; l'agitation leur donne à chacun un mou-
« vement progreſſif dirigé vers la racine ; au
« moyen de ce mouvement, les brins s'entrela-
« cent, & les lamelles de chaque brin, en s'ac-
« crochant à celles des autres brins qui ſe trou-
« vent dirigés en ſens contraire, maintiennent le
« tout dans la contexture ſerrée que la preſſion
« lui a fait prendre A meſure que le tiſſu ſe ſer-
« re, la preſſion des mains doit augmenter, tant
« pour le ſerrer davantage que pour entretenir le
« mouvement progreſſif des brins & leur entre-
« lacement, qui éprouve alors une difficulté plus
« grande ; mais, dans toute cette opération, les
« brins de laine s'accrochent ſeulement les uns
« avec les autres, & non pas à la toile, dont les
« fibres, comme nous l'avons déja dit, ſont liſ-
« ſes & ne préſentent pas la même facilité à cet
« égard.

« La conformation de la ſurface des brins de
« laine & des poils des animaux ne conſtitue
« pas ſeule leur diſpoſition au feûtrage ; il ne
« ſuffit pas que chaque brin puiſſe prendre un

« mouvement progressif vers la racine ; il ne
« suffit pas que les lamelles inclinées, en s'accro-
« chant les unes aux autres, maintiennent le tissu
« dans l'état où le met la compression : il faut en-
« core que les brins ne soient pas droits comme
« des aiguilles ; par la suite de l'agitation, cha-
« cun d'eux continueroit son mouvement pro-
« gressif sans changer de direction, & l'effet de
« l'opération seroit de les écarter tous du centre
« sans produire aucun tissu. Il faut donc que
« chaque brin soit tortillé, que l'extrémité qui
« est du côté de la racine soit disposée à changer
« perpétuellement de direction, à s'entrelacer
« autour de nouveaux brins, & à revenir sur le
« brin lui-même si elle y est déterminée par quel-
« que changement dans la position du reste de
« son étendue. C'est parceque la laine est natu-
« rellement conformée de cette maniere qu'elle
« est si propre au feûtrage, & qu'on peut l'y
« employer sans qu'il soit nécessaire de lui faire
« subir aucune préparation antérieure.

« Mais les poils de lievre, de lapin, de castor,
« sont naturellement droits ; ils ne peuvent être
« employés seuls au feûtrage qu'après avoir subi
« une opération préliminaire que l'on nomme
« *secrétage*, & qui consiste à les frotter, avant le
« dépouillement, avec une brosse imprégnée d'une

I 4

« diſſolution de mercure dans l'acide nitrique :
« cette diſſolution, en agiſſant d'un côté ſeule-
« ment ſur la ſubſtance même des poils, altere
« leur direction en ligne droite, & leur commu-
« nique la diſpoſition au feûtrage dont la laine
« jouit naturellement.

« L'opération du *foulage* des étoffes de laine
« a un ſi grand rapport avec le feûtrage, que nous
« ne pouvons nous diſpenſer d'entrer ici dans
« quelques détails à ce ſujet.

« Les aſpérités dont les brins de laine ſont hé-
« riſſés à leur ſurface & la diſpoſition que les brins
« ont à prendre un mouvement progreſſif dirigé
« vers la racine, eſt un obſtacle à la filature de
« la laine & à la confection des étoffes. On eſt
« obligé pour filer la laine de la tiſſer, enſuite
« d'enduire tous les brins d'une couche d'huile
« qui, rempliſſant les cavités, rende les aſpéri-
« tés moins ſenſibles, de même qu'on met une
« couche d'huile ſur une lime douce quand on
« veut la rendre plus douce encore. Lorſque la
« piece d'étoffe eſt fabriquée, il faut la purger de
« cette huile, qui lui donne une odeur déſagréa-
« ble, qui eſt une ſorte de mal-propreté, & qui ſe-
« roit un obſtacle à la teinture qu'on voudroit lui
« donner ; & pour cela on les porte à la foulerie
« où on les pile avec des maillets dans une auge

« pleine d'eau, dans laquelle on a délayé de l'ar-
« gille. L'argille se combine avec l'huile, qu'elle
« rend soluble dans l'eau ; le tout est entraîné
« par l'eau nouvelle que la machine elle-même y
« fait arriver ; & au bout d'un certain temps l'é-
« toffe est dégraissée.

« Mais le dégraissage n'est pas l'unique objet
« du foulage ; les pressions alternatives que les
« maillets exercent sur la piece d'étoffe, sur-tout
« lorsque le dégraissage est avancé, produisent
« un effet analogue à celui de la pression des
« mains du chapelier ; les brins de laine qui
« composent un des fils de la chaîne ou de la
« trame, prennent un mouvement progressif,
« s'introduisent dans un des fils voisins, puis
« dans ceux qui les suivent, & bientôt tous les
« fils, tant de la chaîne que de la trame, sont
« feûtrés ensemble. L'étoffe, après avoir subi un
« raccourcissement dans ses deux dimensions, par-
« ticipe de la nature de la toile & de celle du
« feûtre ; on peut la couper sans qu'elle soit ex-
« posée à se défiler, & l'on n'est pas obligé à
« ourler les différentes pieces qui entrent dans la
« composition d'un vêtement. Si c'est un tricot
« ordinaire de la laine, la maille n'est plus expo-
« sée à couler lorsqu'elle vient à s'échapper ;
« enfin les fils de la chaîne & de la trame n'étant

« plus aussi distincts ni séparés d'une maniere
« aussi tranchée, l'étoffe, qui d'ailleurs a pris
« plus d'épaisseur, forme un vêtement plus
« chaud. »

ART. III.

De la soie.

La soie est naturellement enduite d'une substance que l'on a regardée comme une gomme,
& à laquelle elle doit sa roideur & son élasticité.
Celle qui est la plus ordinaire dans nos climats,
contient outre cela une partie colorante jaune.

La plus grande partie des usages auxquels on
destine la soie, exige que non seulement elle soit
privée de sa partie colorante, mais encore de la
gomme. On remplit ce double objet par le moyen
du savon, & l'on donne le nom de décreusage à
l'opération par laquelle on lui procure la souplesse
& la blancheur.

Le décreusage ne doit pas être aussi parfait pour
les soies qui doivent être teintes que pour celles
qui sont destinées au blanc, & même il doit
être différent selon les couleurs qu'on se propose
dedonner à la soie. Cette différence consiste principalement dans la proportion du savon qu'on emploie; ainsi, pour les couleurs ordinaires, on se con-

tente de faire cuire la foie pendant 3 ou 4 heures dans une diffolution de vingt livres de favon fur cent livres de foie, ayant foin de remplir de temps en temps la chaudiere avec de l'eau, pour avoir toujours une quantité de bain fuffifante. On augmente la quantité de favon pour les foies qui doivent être teintes en bleu, & fur-tout pour celles qui doivent l'être en ponceau, cerise, &c., parce qu'il eft néceffaire que pour ces couleurs le fond foit plus blanc que pour les couleurs moins délicates. L'on indique, en traitant de chaque couleur, les quantités de favon qui conviennent à la foie qui doit la recevoir.

Lorfque la foie doit être employée en blanc, on lui fait fubir trois opérations: la premiere fe nomme le dégommage; elle confifte à tenir les mateaux dans une diffolution de trente livres de favon pour cent livres de foie : cette diffolution doit être très chaude, mais fans bouillir : quand la partie des mateaux qui trempe eft entièrement dégommée, ce que l'on reconnoît à la blancheur & à la flexibilité que la foie prend, on retourne les mateaux fur les bâtons pour faire fubir la même opération à la partie qui n'avoit point trempé, & on les retire du bain en les chevillant à mefure que le dégommage eft achevé.

La feconde opération eft la cuite. On enferme

les foies dans des facs de groffe toile, vingt-cinq à trente livres de foie dans chaque fac qu'on appelle *poche* : on prépare un bain de favon femblable au premier, en diminuant la quantité de favon, & on les fait bouillir pendant une heure & demie, ayant foin de remuer les facs, pour que ceux qui touchent le fond de la chaudiere n'éprouvent pas une chaleur trop forte.

La troisieme opération s'appelle blanchiment. Cette opération eft principalement deftinée à donner à la foie une légère nuance qui rende le blanc plus agréable, & felon laquelle on donne différents noms au blanc ; ainfi on diftingue le blanc de la Chine, le blanc d'argent, le blanc azuré, le blanc de fil. On fait une diffolution de favon, de maniere qu'en la battant, elle donne une écume qui fait juger fi elle eft d'une force convenable ; &, pour le blanc de la Chine, qui doit avoir un œil un peu rouge, on y ajoute un peu de rocou, enfuite on y life la foie jufqu'à ce qu'elle ait pris la nuance qu'on defire. On donne aux autres blancs un œil plus ou moins bleu par le moyen de l'azur qu'on ajoute à la diffolution de favon ; mais on en a déja mis dans la cuite.

Pour préparer l'azur, on prend du bel indigo, & après l'avoir lavé deux ou trois fois dans de l'eau médiocrement chaude, on le pile bien dans

un mortier & on jette de l'eau bouillante deſſus :
on le laiſſe repoſer, & l'on ſe ſert de la liqueur
qui ne retient que les parties les plus ſubtiles;
c'eſt ce qu'on appelle azur. On peut ſubſtituer à
l'azur un peu de bain d'une cuve neuve d'indigo.

A Lyon, où l'on donne un blanc plus éclatant
qu'à Paris, l'on n'emploie point de ſavon pour la
troiſieme opération ; mais après la ſeconde, on
lave les ſoies, on les ſoufre, on les paſſe à l'azur
ſur de l'eau de riviere. Dans cette méthode, il eſt
important de ſe ſervir d'une eau qui ſoit bien
claire.

Lorſque les ſoies ſont bien unies & qu'elles
ont priſla nuance qu'on deſire, on les tord & on
les fait ſécher.

Le blanc qu'on obtient par les moyens qu'on
vient d'indiquer, n'eſt point encore aſſez éclatant
pour les ſoies qui ſont deſtinées aux étoffes blanches; mais il faut encore les expoſer à la vapeur
du ſoufre : cette opération eſt décrite à l'article du
ſoufre.

Comme le ſavon paroît altérer le luſtre de la
ſoie, l'académie de Lyon propoſa en 1761, pour
le ſujet d'un prix, de trouver une méthode de
décreuſer les ſoies ſans ſavon, & ce prix fut
décerné à M. Rigaut de S.-Quentin, qui propoſa
de ſubſtituer au ſavon une diſſolution de ſel de

ſoude ou carbonate de ſoude étendu dans une
ſuffiſante quantité d eau pour ne point altérer la
ſoie; mais il faut qu'on ait trouvé de l'inconvénient à employer ce moyen, puiſqu'on n'en fait
pas uſage, quoiqu'il ſoit connu & qu'il ſoit facile
à pratiquer

M. l'abbé Collomb (1) a publié ſur le décreu-
ſage de la ſoie par la ſeule action de l'eau, des
obſervations qui méritent beaucoup d'attention.
S'étant apperçu qu'un écheveau de ſoie jaune qu'il
avoit fait bouillir environ trois heures dans de
l'eau ordinaire, avoit perdu près d'un huitieme de
ſon poids, il réitéra deux fois l'ébullition, & porta
par ce moyen la diminution du poids preſque
juſqu'au quart.

La ſoie qui a éprouvé cette perte de poids,
conſerve cependant une couleur jaune, ou plutôt
une couleur de chamois qui la met hors d'état
de ſervir aux étoffes deſtinées à reſter blanches,
ou à recevoir quelques couleurs dont la beauté
dépend de la blancheur des fonds auxquels on les
applique; mais elle prend très bien les couleurs
auxquelles ſa teinte ne peut nuire; ainſi le noir

----

(1) Obſervations ſur la diſſolution du vernis de la ſoie
Journ. de Phys. Août 1785.

qu'elle a pris a paru préférable à celui de la foie décreufée par le favon

Après cette opération, la foie refte très forte & très nerveufe; des fils comparés avec des fils femblables décreufés par le favon, ont porté des poids qui faifoient rompre les derniers.

Il faut huit heures d'une forte ébullition pour diffoudre tout le vernis de la foie; & par là elle perd un peu plus du quart de fon poids; mais l'ébulli-tion doit être plus longue lorfque le baromerre eft bas, parceque plus le poids de l'atmofphere eft grand, plus eft élevé le degré de chaleur que l'eau prend dans l'ébullition.

Cette confidération porta M. Collomb à éprou-ver l'ébullition de la foie dans un digefteur de Papin, & effectivement il ne lui fallut qu'une heure & quart pour opérer la diffolution com-plete du vernis, quoique le degré de chaleur eût été inférieur à celui qui a dû produire les effets obfervés par les phyficiens dans cette ébullition concentrée.

J'ai vu un échantillon d'une étoffe de foie décreusée par M. Collomb; elle m'a paru avoir les qualités annoncées par l'auteur; mais elle avoit moins de foupleffe & de douceur que la foie décreufée par le favon.

M. le Camus, favant naturalifte de l'académie

de Lyon, m'a remis une petite quantité de la
fubftance qui a été féparée de la foie par le moyen
de l'eau, dans une opération de M. Collomb:
cette matiere étoit noire, caffante, brillante dans
fes fractures; elle a donné dans la diftillation les
produits des fubftances animales; elle s'eft diffoute
facilement dans l'eau chaude, & a laiffé très peu
de chofe fur le filtre; la diffolution, qui eft claire
& d'une couleur jaune verdâtre, n'a pas été
altérée fenfiblement par les acides ni par les
alkalis.

La diffolution d'alun y a produit un précipité
d'un blanc fale; celle de fulfate de cuivre, un
précipité noir brun; celle de fulfate de fer, un
précipité brun; la diffolution nitro-muriatique
d'étain, un précipité blanc; l'acétite de plomb,
un précipité brun.

Tous ces précipités font peu abondants & plus
ou moins vifqueux. L'infufion de noix de galle
& celle de fumac y produifent un précipité
blanc.

L'alcohol ne diffout point cette fubftance même
par l'ébullition, mais feulement une partie colorante jaune: cette diffolution a laiffé, par l'évaporation, un réfidu en écailles d'un jaune de fuccin.
J'ai mêlé quelques gouttes d'acide muriatique à
deux onces à-peu-près d'alcohol que j'ai fait
bouillir

bouillir sur vingt grains de gomme de la soie, alors la dissolution s'en est faite; mais, par le refroidissement, cette substance a pris la forme de gelée.

La substance qu'on enlève à la soie dans le décreusage est donc de nature animale ; d'où vient que les eaux de savon qui ont servi au décreusage se putréfient promptement : quand elle n'est plus retenue par l'affinité qu'elle a avec la soie, elle se dissout facilement dans l'eau, & non dans l'alcohol. Quoiqu'elle ne soit pas de nature végétale, on voit que le nom de gomme lui convient assez. La partie colorante jaune se dissout dans l'alcohol. Quand cette partie est séparée, la gomme est brune : il y a apparence que cette couleur lui vient de la chaleur qu'elle éprouve dans l'ébullition, puisque lorsqu'on n'enlève que la partie colorante jaune par le procédé de M. Baumé, dont on va parler, la soie reste blanche.

Dans le procédé de M. Collomb, la gomme est enlevée & n'emporte avec elle qu'une partie des molécules colorantes jaunes; &, dans le décreusage par le savon, la gomme & les parties colorantes jaunes sont enlevées à la soie.

J'ai fait bouillir la soie jaune dans une cornue où les vapeurs un peu plus contenues qu'à l'air

Tome I. K

libre, devoient produire un degré de chaleur un peu supérieur à celui de l'ébullition en plein air : après quatre heures d'ébullition, la soie avoit perdu près du quart de son poids, mais elle avoit retenu sa couleur en grande partie. J'ai fait bouillir de la même manière un échantillon dans une eau chargée de sel marin : il est devenu plus blanc, cependant il a moins perdu de son poids, quoique le degré de chaleur ait été certainement augmenté par la résistance que le sel apporte à l'évaporation : une partie du sel marin s'est peut-être combinée avec la soie. On pourroit essayer d'autres sels, & l'on en trouveroit peut-être qui, sans attaquer la soie, pourroient mieux favoriser la dissolution de la gomme & de la partie colorante.

Lorsque la soie est destinée à la fabrication des blondes & des gazes, elle doit conserver la roideur & l'élasticité qui lui sont naturelles ; la plus grande partie de celle qui est produite dans nos climats, a une couleur jaune, & c'est de la soie blanche de la Chine qu'on fait principalement usage pour ces objets ; mais comme elle s'élève à un prix qui ne permet pas à nos fabricants de soutenir la concurrence des Anglois par lesquels elle nous parvient, & comme ces derniers réser-vent la plus belle pour leurs fabriques, l'on a cherché les moyens de priver la foie jaune de fa partie colorante fans attaquer fa gomme, & par conféquent fans la priver de fon élafticité. M. Baumé a réfolu ce problême intéreffant ; mais il a tenu fon procédé fecret : quelques artiftes auxquels il l'avoit confié, ou dirigés par quelques indications, ont réuffi à exécuter ce procédé ; cependant il paroît fujet à des accidents qui en augmentent les frais par les pertes qu'ils occafionnent, de forte que jufqu'à préfent il ne s'en eft pas foutenu d'établiffement malgré les avantages qu'il préfente à notre induftrie. L'on va indiquer ce qui a tranfpiré dans le public fur ce procédé.

On mêle une petite quantité d'acide muriatique avec l'alcohol & on y plonge la foie. Il faut que l'acide muriatique foit pur, & ne contienne pas d'acide nitrique, parceque celui-ci jauniroit la foie. Il paroît que ce qu'il y a de plus difficile dans le procédé eft de donner un blanc égal, fur-tout lorfqu'on opère fur de grandes quantités. Il paroît encore que l'on éprouve beaucoup de difficultés à deffécher la foie blanche fans qu'elle fe ride ; il faut fans doute la tenir dans un état d'extenfion pendant la defficcation. Le procédé feroit trop difpendieux fi l'on ne retiroit l'alcohol qui s'eft chargé de la partie colorante pour le faire fervir à des opérations fubféquentes. Il faut donc le diftiller à une légère chaleur dans un vaiffeau de verre ou de terre cuite.

Il paroît, d'après les expériences que j'ai rapportées plus haut, que l'acide muriatique fert dans ce procédé à ramollir la gomme pour permettre à l'alcohol de diffoudre la partie colorante qui lui eft combinée.

L'alunage doit être confidéré comme une des opérations générales de la teinture en foie, parceque fans l'alun, la plupart des couleurs qu'on applique fur la foie n'auroient ni beauté ni folidité.

Pour exécuter l'alunage, on met dans une tonne ou baquet d'environ quarante ou cinquante feaux d'eau, quarante ou cinquante livres d'alun de Rome, qu'on a fait diffoudre d'abord dans une chaudiere pleine d'eau fuffifamment chaude, en remuant avec foin pendant le mélange pour prévenir la cryftallifation de l'alun.

Après avoir lavé les foies en leur donnant une batture & même en les tordant fur la cheville pour en extraire le favon qu'elles peuvent avoir retenu, on les plonge dans le bain d'alun, on les y laiffe huit à neuf heures, après quoi on les tord à la main fur la tonne, & on les porte à la riviere pour les laver.

On peut paſſer dans un bain tel que le précédent juſqu'à cent cinquante livres de ſoie ſans qu'il ſoit néceſſaire d'y ajouter de nouvel alun; mais quand on s'apperçoit que ce bain commence à s'affoiblir, ce que l'habitude fait diſtinguer par la ſaveur, on fait diſſoudre vingt ou vingt-cinq livres d'alun, que l'on met dans le bain comme la premiere fois, & l'on continue à renouveller ainſi le bain juſqu'à ce qu'il commence à prendre une mauvaiſe odeur ; alors on achève de l'épuiſer en y paſſant les ſoies deſtinées à des couleurs ſombres, telles que les bruns, les marrons, & on le jette pour en former un nouveau.

On fait toujours aluner les ſoies à froid, parceque lorſqu'on les fait aluner dans un bain chaud, elles ſont ſujettes à perdre une partie de leur luſtre.

ART. IV.

Du coton.

Le coton eſt le duvet ou la bourre qui eſt contenue dans la ſilique d'un arbre ou arbriſſeau qui croît dans les pays chauds. On ſépare ce duvet des ſemences qu'il enveloppe, par le moyen d'une eſpece de moulin.

Le climat a une grande influence ſur les qualités du coton , & les especes du cotonier semblent s'assortir à sa chaleur (1) ; mais il s'en trouve une grande variété dans les isles de l'Amérique ; & il paroît, par ce qu'en dit M. Bennet (2), que les colons ont négligé jusqu'à présent de faire un choix des especes qui seroient les plus avantageuses, & que par là ils ont perdu une grande partie des avantages qu'ils pouvoient retirer de cette production précieuse.

Les principales différences du coton consistent dans la longueur de ses filaments, leur finesse, leur solidité & leur couleur.

La couleur du coton varie depuis le jaune foncé jusqu'au blanc ; le plus coloré est celui de Siam & du Bengale , & souvent on en fait des étoffes auxquelles on conserve sa couleur naturelle. Les especes les plus belles ne sont pas les plus blanches ; mais il faut les blanchir par des procédés semblables à ceux dont on se sert pour blanchir le lin. Il faut cependant des opéra-tions moins multipliées & moins longues pour le

____

(1) Essai sur les caracteres qui distinguent les cotons des diverses parties du monde, &c ; par M. Quatremere Disjonval.

(2) Transactions of the society instituted at London, for the encouragements of arts, manufactures and commerce, vol. 5.

coton que pour le lin. L'on peut fubftituer à ces opérations l'acide muriatique oxygéné; au moins, avec l'avantage du temps (1) , on lui donne même par ce moyen un blanc plus beau que par le blanchiment ordinaire, & il paroît plus difpofé à prendre de belles couleurs à la teinture, felon l'obfervation de M. Décroifille. J'ai blanchi avec fuccès des cotons jaunes de S.-Domingue dont une couleur défagréable & tenace a fait prohiber le commerce.

Pour difpofer le fil de coton à recevoir la teinture, on lui fait fubir une opération qu'on appelle le décreufage. Quelques uns le font bouillir dans de l'eau fûre; mais le plus fouvent on fe fert d'une leffive alkaline : on y fait bouillir le coton pendant deux heures, après cela on le tord; on le rince à la riviere jufqu'à ce que l'eau en forte claire, & on le fait fécher.

On fait tremper pendant quelque temps dans de l'eau chargée d'un cinquantieme au plus d'acide fulfurique, les toiles de coton qu'on deftine à l'impreffion, après cela on les lave avec foin dans de l'eau courante & on les fait fécher. J'ai obfervé que l'acide qui avoit fervi à cette opéra-

____

(1) Ann. de Chym., T. II.

K 4

tion avoit diffous de la terre calcaire & du fer qui auroient altéré les couleurs.

L'on peut regarder comme une opération générale de la teinture du coton & du lin, l'alunage & l'engallage, qui doivent être employés pour la plus grande partie des couleurs qu'on leur donne.

L'alunage doit fe faire à raifon de quatre onces d'alun par chaque livre de matiere : on diffout l'alun avec les précautions indiquées dans l'article précédent ; mais l'on y ajoute une diffolution de foude que l'on peut évaluer à un feizieme à-peu-près de foude contre une partie d'alun ; quelques uns y ajoutent une très petite quantité de tartre & d'arfenic. L'on impregne bien le fil de cette diffolution en le travaillant livre par livre ; après quoi l'on verfe le reftant du bain fur le fil que l'on a réuni dans un vafe ; on l'y laiffe vingt-quatre heures : au fortir de l'alunage , on le met dégorger dans une eau courante pendant une heure & demie à deux heures, & on le lave. J'ai éprouvé que le coton prenoit environ un quarantieme de fon poids dans cette opération.

L'engallage fe fait à raifon de différentes dofes de noix de galle ou d'autres aftringents , felon la qualité des aftringents & felon l'effet qu'on en veut obtenir.

L'on fait cuire environ deux heures la noix de galle pilée dans une quantité d'eau qui doit être proportionnée à la quantité de fil qui doit être engallée ; ensuite on laisse refroidir le bain au point d'y pouvoir tremper la main ; on le partage en parties qu'on rend égales autant qu'on le peut, pour travailler le fil livre par livre, comme on l'a dit pour l'alunage, & on verse de même le reste sur la totalité. On le laisse vingt-quatre heures, surtout lorsqu'il est destiné au garançage & au noir, car pour d'autres couleurs, douze à quinze heures peuvent suffire ; après cela on l'exprime & on le fait sécher.

Lorsque l'on donne l'engallage à des étoffes qui ont déja reçu une couleur, il faut le faire à froid, pour ne pas altérer cette couleur.

J'ai éprouvé que le coton qui avoit été aluné, prenoit un poids plus considérable dans l'engallage que celui qui ne l'avoit pas été ; quoique l'alumine ne se fixe qu'en petite quantité avec le coton, elle lui communique la propriété de se combiner beaucoup mieux avec le principe astringent, de même qu'avec les parties colorantes.

ART. V.

Du lin.

Comme le lin & le chanvre préfentent les mêmes propriétés relativement à la teinture, on les a ordinairement confondus dans cet ouvrage.

Si le coton eft un objet important pour notre induftrie, le lin & le chanvre méritent une attention particuliere, & comme production territoriale, & comme la fource la plus étendue du travail pour la claffe infortunée. C'eft une manufacture qui s'étend fur toutes les campagnes, qui fe foudivife depuis la fabrication des cordages jufqu'à celle des batiftes ; qui raffemble les familles ruftiques dans les intervalles des autres travaux, & leur donne quelque part aux douceurs de la fociété ; qui préfente une occupation facile à l'enfance qu'elle habitue au travail, & à la vieilleffe qu'elle peut foulager.

Une confidération qui mérite attention dans un moment où l'on s'occupe du defféchement des marais, & où les petites propriétés doivent fe multiplier, c'eft que le terrain le plus propre au chanvre eft celui des marécages dont on a évacué

les eaux , & que cette production convient particu_
lièrement aux petits cultivateurs (1).

Le lin doit subir plusieurs préparations avant
qu'il puisse recevoir la teinture ; la premiere est le
rouissage, par lequel on dispose l'écorce de la plante
à être séparée pour servir ensuite à la filature. Le
rouissage est une opération d'une telle importance
par l'influence qu'elle a sur la qualité & sur la
quantité du produit , & par les qualités délétères
qu'elle peut communiquer à l'air , qu'il m'a paru
convenable de donner une idée des principes par
lesquels on peut la diriger.

Il paroît que, dans le rouissage , un suc glutineux
qui tient en dissolution la partie colorante verte
de la plante , & qui réunit sa partie corticale avec
sa partie ligneuse , subit une putréfaction plus ou
moins avancée selon la méthode qu'on emploie ;
car il se dégage , comme l'a observé M. Rosier
(2) , du gaz acide carbonique & du gaz inflammable. Cette substance paroît ressembler beaucoup à la partie glutineuse qui est dissoute dans

---

(1) Instruction familiere sur la culture & le roui du
chanvre à l'usage des gens de la campagne ; par M. de
Pertuis.

(2) Essai sur la culture & le rouissage du chanvre ; par
M. l'abbé Rosier.

le fuc qu'on exprime des plantes vertes, qui fe fépare avec les parties colorantes, lorfqu'elle éprouve une chaleur voifine de l'ébullition, qui fe putréfie & qui donne de l'ammoniaque par la diftillation.

Quoique cette fubftance foit tenue en diffolution dans le fuc qu'on exprime des plantes, il y a cependant apparence que l'eau feule ne peut pas la féparer affez complètement de la partie corticale; de là vient que le chanvre qui a été roui dans une eau trop courante, manque de foupleffe & de douceur.

Si le rouiffage s'exécute dans des eaux ftagnantes & croupies, le chanvre y contracte une couleur brune; mais fur-tout il perd de fa folidité, & il s'en exhale des vapeurs qui produifent des maladies meurtrieres.

Il paroît donc que le rouiffage s'exécute de la maniere la plus avantageufe dans les routoirs placés fur le bord des rivieres, de maniere que l'eau puiffe s'y renouveller affez pour prévenir une putréfaction nuifible au chanvre, & funefte à la fanté, pas affez pour empêcher le degré de putréfaction qui eft néceffaire pour rendre la fubftance glutineufe foluble dans l'eau.

M. Rofier a éprouvé que le rouiffage s'exécutoit, lorfque le chanvre étoit recouvert d'une couche de terre, & il conseille cette méthode. M. Prozet (1) a proposé de mêler une petite quantité d'alkali caustique dans l'eau dans laquelle on fait le rouissage, pour augmenter sa force dissolvante & pour prévenir la putréfaction ; mais il paroît, par les expériences de M. Home, que l'alkali retarde l'opération du rouissage, & qu'il rend le lin cassant (2).

Pendant que le lin éprouve le rouissage, & pendant la dessiccation qui a pu précéder & celle qui suit, ses parties colorantes vertes subissent une altération semblable à celle que l'on observe dans la substance verte des plantes qui sont exposées à l'action de l'air & à l'influence de la lumiere ; leur couleur passe au jaune, au fauve, & même au brun par la combustion dont j'ai donné la théorie dans la premiere section. Une grande partie est alors soluble dans les alkalis sans avoir besoin de s'oxygéner à un plus grand degré ; de sorte qu'en traitant la filasse avec une dissolution alkaline, on peut lui ôter une portion considérable des parties colorantes, qui restent peut-être combinées avec une partie du gluten. C'est sur la dissolution de ces parties colorantes qu'est fondé

---

(1) Mém. sur le rouissage du chanvre.

(2) Essai sur le blanchiment des toiles, p. 370.

un procédé publié par le prince de S.-Séver, pour obtenir une belle filaffe du chanvre (1). Il prefcrit de leffiver la filaffe du chanvre avec la diffolution de deux parties de foude contre une partie de chaux, enfuite de l'imprégner de favon, de la tenir en digeftion, & de la bien laver, enfin de la peigner.

J'ai effayé de blanchir complètement de la filaffe par la méthode que j'emploie pour les fils ; mais quoique fes filaments doivent par là perdre peu de leur folidité, ils prennent cependant une fi grande difpofition à fe féparer & à fe divifer, qu'ils feroient beaucoup plus difficiles à filer, & qu'ils feroient un fil beaucoup moins folide.

J'ai fuivi des expériences comparatives fur une filaffe préparée par une méthode analogue à celle du prince de S.-Séver, & une filaffe de même efpece traitée à la maniere ordinaire. La premiere donna une proportion beaucoup plus grande d'étoupes, & le fil qui en provint ne fut pas plus beau que le fecond, lorfque celui-ci eut éprouvé une leffive ; mais le premier étoit moins folide : cependant un avantage, qui mérite confidération, c'eft que, dans le ferançage, la premiere filaffe fut exempte de cette pouffiere qui eft fi dangereufe pour les ouvriers.

____

(1) Journ. de Phys., introd., T. II.

La beauté qu'on peut donner à la filasse par des lessives préliminaires ne paroît donc pas avoir les avantages que sa belle apparence pourroit faire espérer, puisque l'on ne fait que dissoudre cette portion de la substance colorante qui auroit été entraînée dans les premieres lessives par lesquelles on commence le blanchiment. La grande finesse qu'on lui donne ne peut probablement s'obtenir qu'aux dépens de la longueur des filaments & de leur solidité.

Un curé du département de la Somme a rendu son ministere respectable en se livrant à un objet qui est d'un si grand intérêt pour le bonheur réel du peuple. M. Brâle a établi près d'Amiens une espece d'école publique, dans laquelle il examine & s'occupe à perfectionner la meilleure méthode, soit pour la culture du chanvre, soit pour le rouissage & la préparation de la filasse (1). Il a un procédé qui ne doit pas avoir les inconvénients que je trouve dans la lessive de la filasse; il rouit le chanvre aussitôt qu'il est tiré de terre; il en sépare l'écorce au sortir du rouissage par une manipulation particuliere, & après l'avoir trempée dans une légere dissolution de savon noir, il la

____

(1) Analyse pratique sur la culture & la manipulation du chanvre.

lave avec beaucoup de foin : avant la defficcation, la partie colorante qui n'auroit plus été foluble que par les alkalis, peut encore être diffoute & être entraînée par l'eau aidée d'un peu de favon ; la filáffe eft donc beaucoup plus blanche ; elle fe divife davantage fans éprouver cependant une divifion dangereufe ; & l'on épargne les leffives qui doivent précéder le blanchiment.

Le fil ordinaire, & la toile qui en eft tiffée, contiennent donc une fubftance colorante qui peut en être enlevée par les fimples leffives ; mais il y a une portion de cette fubftance qui eft véritablement combinée avec les fibres végétales, & qui ne peut en être enlevée que lorfqu'on l'a dénaturée par la combuftion qu'elle éprouve en fe combinant avec l'oxygène, ainfi que je l'ai expliqué fection premiere, chapitre III. Le fil perd, par les opérations du blanchiment, du quart au tiers de fon poids.

L'on fait fubir au lin qu'on difpofe à la teinture, les mêmes opérations qu'au coton pour le décreufage, l'alunage & l'engallage.

CHAPITRE

CHAPITRE II.

Des atteliers & des manipulations de l'art de la teinture.

Sɪ l'on doit regarder comme un principe général, que les travaux qui s'exécutent en grande manufacture, font plus avantageux que ceux qui font isolés, parceque les manipulations se subdivifant, chaque ouvrier s'occupe du même objet, & acquiert par là de la célérité & de la perfection dans l'exécution, & parceque tout étant coordonné, chaque partie du travail vient, pour ainfi dire, se réunir fans perte de temps; ce principe doit encore s'appliquer aux teintures par une raifon particuliere, c'eft que le réfidu d'une opération peut fouvent fervir à une autre : un bain qui fe trouve trop épuifé pour une couleur, ou même pour ce qu'on appelle les fuites d'une couleur, peut fervir ou à donner un pied à d'autres étoffes, ou à former un nouveau bain en y mêlant d'autres ingrédients. La noix de galle, qui a été employée à l'engallage de la foie, peut encore être utile à d'autres opérations fur la laine ou fur le coton. On pourroit citer un grand nombre d'exemples pareils.

Tome I.   L

Il seroit facile , si l'on s'arrêtoit à ces considérations, de prouver combien sont contraires aux
progrès de l'art cette division en grand & petit
teint , cette classification de teinturiers en soie,
en laine & en fil, & ces réglements qui défen-
doient à un teinturier d'une classe d'avoir chez
lui les ingrédients qui étoient destinés à une autre
classe. Il me semble qu'il faudroit au contraire
encourager les grandes entreprises en teinture, &
ceux qui les dirigeroient devroient se faire un
plan d'opérations tel qu'il y eût un rapport entre
elles toutes, & qu'il ne se fît aucune perte en
ingrédients, en temps , en combustible, en main-
d'œuvre , & cette disposition devroit être subor-
donnée aux besoins présumés du commerce.

Il faut qu'un attelier de teinture soit spacieux,
éclairé d'un beau jour, & voisin d'une eau courante , autant qu'il est possible ; il faut qu'il soit
pavé avec chaux & ciment; qu'on y ait ménagé
des écoulements faciles pour les eaux & les vieux
bains de teinture, & que tout soit disposé pour
que la plus grande propreté puisse y régner.

Les chaudieres dont la disposition & la grandeur dépendent des opérations auxquelles elles
sont destinées, sont de cuivre rouge ou de cuivre
jaune, si ce n'est pour l'écarlate, pour laquelle il
est plus avantageux de se servir de chaudieres

d'étain, ainfi que pour les autres couleurs délicates, pour lefquelles on fait ufage de la diffolution d'étain. Le cuivre jaune eft moins fujet à être attaqué par les fubftances falines & à tacher les étoffes que le rouge. Il eft important de bien nettoyer les chaudieres après chaque opération, & celles qui ont une grande capacité doivent avoir à leur fond un tuyau de cuivre qui porte en dehors un robinet, que l'on ouvre quand on veut en vider les bains.

Au-deffus de chaque chaudiere on perce au manteau de la cheminée ou dans le mur, des trous pour y placer des perches, qui fervent à y mettre égoutter les écheveaux de laine ou de foie, ou les étoffes dont on n'a que de petites parties à teindre, afin que le bain retombe dans la chaudiere.

On fe fert pour les pieces d'étoffe, d'un tour dont les deux extrémités font pofées fur deux fourchettes de fer, qui fe placent quand on veut dans des trous pratiqués fur les jantes de bois qui foutiennent les bords de la chaudiere.

Plufieurs teintures en foie, pour lefquelles on ne doit pas employer l'ébullition, s'exécutent dans des vafes longs de cuivre ou de bois qu'on appelle barques ou baquets.

Comme la plupart des couleurs qu'on applique

fur la foie font très délicates, elles exigent une prompte defficcation pour ne pas s'altérer : on a pour cet objet un féchoir qui eft une piece échauffée par le moyen d'un poêle : on étend la foie fur une perche fufpendue & mobile qu'on appelle branloire, & qu'on tient agitée pour accélérer la defficcation.

Il faudroit entrer dans de longs détails, fi l'on prétendoit décrire tout ce qui doit compofer un attelier de teinture, & l'infpection inftruit beaucoup plus promptement & plus exactement que ne pourroient le faire de faftidieufes defcriptions de ces objets ; d'ailleurs la diftribution d'un attelier doit être relative aux opérations auxquelles il eft deftiné ; elle doit être dirigée de maniere que ces opérations puiffent fe fuccéder avec le plus d'avantages.

Mais il feroit à defirer, pour les progrès de l'art & pour ceux de la fcience elle-même, qu'on réfervât un petit emplacement où l'on réuniroit les uftenfiles néceffaires aux expériences communes de chymie & aux épreuves de teinture.

Les manipulations de la teinture ne font ni difficiles ni compliquées : elles ont pour objet d'imprégner la fubftance qu'on veut teindre, des parties colorantes qui font tenues en diffolution dans un bain, de faire concourir l'action de l'air ;

foit à la fixation des parties colorantes, foit à leur éclat, & de dégager avec foin celles qui n'ont pas été fixées dans la fubftance qu'on vient de teindre. On fe contentera de donner une idée de celles qui font le plus ordinaires.

Lorfqu'on veut teindre des étoffes, & qu'on en a des pieces entières & même plufieurs à la fois, on fe fert du tour dont on a parlé ci-devant; on enveloppe fur ce tour un bout de l'étoffe, &, en le faifant tourner promptement, il fe charge fuccef-fivement de toute la piece : on le tourne enfuite à contre-fens, pour que la partie de l'étoffe qui a été plongée d'abord la premiere, le foit la derniere à cette feconde immerfion, & que par là la teinture foit autant égale qu'il eft poffible. Si la piece d'étoffe eft affez longue, ou fi l'on en a plufieurs à teindre de la même couleur, on réunit enfemble les deux bouts & on paffe le tour au travers, puis on le pofe fur les fourchettes.

Si l'on a à teindre de la laine en toifon, on pofe fur la chaudiere une efpece d'échelle fort large & dont les échelons font fort rapprochés, & l'on y met la laine pour l'égoutter, l'éventer, ou pour la changer de bain.

Si la laine eft en écheveaux, on paffe des bâtons dans tous les écheveaux, & la manœuvre eft là même que pour la foie & le fil : cette manœuvre

L 3

confifte à faire tourner fur les bâtons dans le bain
les mateaux de foie & les écheveaux de fil ou de
laine ; c'eft ce qu'on appelle *lifer*, & l'on donne
au bâton le nom de *lifoir*.

Lorfqu'on a teint les foies & les fils, il faut
les tordre pour en exprimer les parties colorantes furabondantes. Cette opération s'exécute fur
une piece de bois cylindrique qui eft fcellée par un
bout dans un mur ou dans un poteau, & qu'on
appelle *l'efpart* : quand on répete plufieurs fois
de fuite cette opération pour fécher & pour
donner du luftre, on l'appelle *cheviller*.

Quand on ajoute dans un bain une certaine
quantité d'ingrédients, on dit qu'on lui donne un
brevet ; & on le *pallie*, lorfqu'on le remue & qu'on
le mêle avec un rable.

On donne quelquefois une premiere couleur
pour en appliquer enfuite une autre par-deffus,
& faire par là une couleur compofée ; c'eft ce
qu'on appelle *donner un pied*.

Difbroder, c'eft laver la foie de fa teinture ou de
fon eau de favon dans une petite quantité d'eau à
laquelle on donne enfuite le nom de *difbrodure*.

Quand on eft obligé de paffer plufieurs fois une
étoffe dans un même bain, on donne le nom de
paffe à chaque opération partielle.

On *rofe* une couleur quand on change le ton

jaune d'une couleur rouge en une nuance qui tire davantage fur le cramoifi ou fur la couleur de rofes ; & on *vire* une couleur d'un jaune rouge, quand on la fait tourner à un rouge plus décidé.

Quoique les manipulations de la teinture foient peu variées & qu'elles paroiffent fort fimples, elles exigent cependant des foins particuliers & un coup-d'œil exercé pour juger des qualités du bain, pour amener & foutenir la chaleur au degré convenable à chaque opération, pour écarter toutes les circonftances qui pourroient produire de l'in-égalité dans la couleur, pour juger avec précifion fi les nuances qui fortent du bain atteignent celles qui fervent d'échantillon, & pour établir entre une fuite de nuances les rapports que l'on defire. Je ne prétends point parler de la conduite des cuves, & fur-tout de la compofition des couleurs qui forment particulièrement l'art, & qui exigent fouvent des combinaifons délicates.

CHAPITRE III.

Des combustibles.

COMME les combustibles font un des principaux objets de dépenfe dans les teintures, il eft très important d'en diminuer la confommation, autant qu'il eft poffible, & de choifir ceux qui peuvent avec le moins de frais produire l'effet qu'on defire. Il convient donc de répandre la connoiffance des principes phyfiques de la production de la chaleur par la combuftion, & des loix felon lefquelles elle fe communique, pour qu'on puiffe enfuite fe guider dans leur application aux différentes circonftances qui peuvent fe préfenter.

Lorfqu'un corps brûle, aucun de fes principes n'eft détruit; feulement ils formoient entre eux une efpece de combinaifon, & ils fe féparent à la haute température à laquelle ils font expofés, pour en former d'autres avec l'air vital avec lequel ils fe trouvent en contact : ceux de ces principes qui ne peuvent pas fe combiner avec l'air vital, c'eft-à-dire la terre, quelques fels & quelques parties métalliques, compofent la cendre.

Les combinaisons qui se forment sont l'acide carbonique ou air fixe, & l'eau : la proportion de ces nouveaux produits varie, selon celle des parties charbonneuses & de l'hydrogène ou base du gaz inflammable qui se trouvoient dans le combustible. Prenons pour exemple le charbon ordinaire.

Si l'on brûle cent grains de charbon dans une cloche de verre dont l'ouverture soit plongée dans du mercure, l'on trouve, après la combustion, un poids d'acide carbonique qui égale celui du charbon qui a brûlé & celui de l'air vital qui a perdu ses propriétés. Cet acide, qui vient de se former, est composé, sur cent parties, de soixante-deux d'oxygène ou base de l'air vital, & de vingt-huit de charbon ; cependant il s'est formé un peu d'eau qui s'est dissoute dans l'acide carbonique, & l'air vital en tenoit un peu en dissolution. Ces quantités inconnues empêchent qu'on ne puisse regarder la détermination qu'on vient de donner comme rigoureuse.

Si l'on brûle de l'alcohol ou esprit-de-vin, on a un résultat bien différent; l'on obtient un poids d'eau qui surpasse celui de l'esprit-de-vin, parceque le principe combustible de l'alcohol est principalement l'hydrogène : or l'hydrogène forme de l'eau en se combinant avec la base de l'air vital ou oxygène ; l'huile donne aussi beaucoup d'eau par la même raison. On peut regarder le charbon & l'alcohol, ou plutôt l'éther, comme les deux extrêmes dont l'un ne donne presque que de l'acide carbonique, & l'autre de l'eau; & les autres combustibles comme des termes moyens qui s'approchent plus ou moins, selon leur composition, de l'un des deux extrêmes.

Pendant que l'hydrogène & le charbon se combinent avec l'air vital qui forme à-peu-près le quart de l'air atmosphérique, le calorique ou principe de la chaleur qui étoit combiné avec l'air vital, & qui lui donnoit l'état élastique, se dégage en grande partie; il s'en dégage peut-être aussi une portion du charbon, & sur-tout de l'hydrogène qui étoit contenu dans le corps combustible. Telle est l'origine de la chaleur qui est produite par la combustion. Ceux (1) qui veulent

(1) Quoique la théorie de la chaleur ait fait de grands progrès, & que de nos jours elle ait produit des ouvrages de génie, on sera peut-être toujours réduit à considérer les principes qu'on établit sur sa nature & sur ses combinaisons, comme des suppositions par le moyen desquelles on peut lier les phénomènes qu'elle présente & expliquer les loix qu'elle suit.

Lorsqu'on regarde l'air vital comme la source de la chaleur qui se dégage de la combustion, l'on ne prétend pas que les corps qui brûlent n'y contribuent point eux-mêmes, quoiqu'en fixant son attention sur la cause principale de ce

avoir une connoiſſance approfondie des expériences dont on vient de donner une eſquiſſe & de

---

phénomène, on ſe ſoit quelquefois contenté de l'indiquer
ſeule. Toute la théorie que quelques perſonnes cherchent
à combattre, s'éleve contre cette ſuppoſition : mais ſi l'on
fait attention que, dans les combuſtions accompagnées de
flamme, l'air vital perd plus ou moins ſon état élaſtique,
pendant que le corps qui brûle, loin d'éprouver une diminution dans ſes dimenſions, paſſe ordinairement dans une
combinaiſon qui eſt beaucoup plus dilatée qu'il n'étoit, ſi
l'on conſidere que la chaleur qui ſe dégage eſt relative aux
quantités d'air vital qui ſe combine, & que l'on retrouve
dans les combinaiſons de l'oxygène où il s'eſt produit, peu
de chaleur, une grande quantité de calorique qui peut enſuite s'en dégager, comme dans le nitre & le muriate oxygéné de potaſſe, l'on conviendra que cette théorie eſt au
moins probable & ſatisfaiſante.

Parmi les corps qui peuvent contribuer le plus à la chaleur, le gaz hydrogène doit certainement tenir le premier
rang : or la théorie qui attribue principalement à l'air vital
la chaleur qui ſe dégage dans la combuſtion, s'applique
même à celle de ce gaz : néanmoins l'on en a tiré une ob-
jection qu'on a préſentée avec une aſſurance dédaigneuſe,
en faiſant une application fauſſe des expériences de M.
Crawford.

Je n'examine point ici ſi la ſuppoſition de M. Crawford
doit être admiſe. Il prétend établir (a) que la chaleur qui ſe
dégage dans la combuſtion eſt due aux changemiénts de capacité de chaleur dans les corps qui brûlent & à la diffé-

(a) On animal heat, &c.

toute la théorie de la combuſtion , doivent conſulter pluſieurs mémoires de M. Lavoiſier dans le

---

rence de celle qu'ils avoient avec celle que conſerve le réſultat de la combuſtion.

M. Crawford , dit-on , a trouvé que le gaz hydrogène contenoit cinq fois plus de chaleur ſpécifique que l'air vital ; donc ce gaz doit contribuer à la combuſtion beaucoup plus que l'air vital ; donc la chaleur qui ſe dégage dans la combuſtion, vient principalement du corps qui brûle & non de l'air vital.

Il y a, en employant la méthode de M. Crawford, deux manieres de déterminer les rapports de chaleur ſpécifique, celle de comparer les volumes des ſubſtances qu'on éprouve, ou de comparer leur maſſe. M. Crawford a adopté celle-ci, qui eſt peut-être plus ſujette à erreur & moins commode que la premiere. Par conſéquent il faut comparer les poids des gaz oxygène & hydrogène qui ſe combinent enſemble par la combuſtion, pour déterminer la proportion de chaleur qui ſe dégage de l'un & de l'autre en raiſon de leur chaleur ſpécifique : or il faut en poids 85 parties d'oxygène contre 15 parties d'hydrogène : la quantité de chaleur , dégagée de l'air vital ou gaz oxygène, doit donc être à celle qui eſt produite par le gaz hydrogène dans le rapport de 85 à 75 , ou de 17 à 15. Mais ce qui augmente encore la proportion de la chaleur produite par l'air vital , c'eſt que la chaleur ſpécifique du gaz hydrogène n'eſt pas , ſelon M. Crawford , cinq fois plus grande que celle de l'air vital, mais ſeulement dans le rapport de 21,4000 , à 4,7490 , et qu'il ne faut pas tout-à-fait 15 parties d'hydrogène contre 85 d'air vital.

Recueil de l'Académie des Sciences, & ses Eléments de Chymie ; car c'est à lui que nous devons principalement cette belle théorie.

Pour obtenir le plus grand effet d'un combustible, il faut qu'aucune de ses parties qui peuvent se combiner avec l'air vital, n'échappe à cet effet : il faut par conséquent qu'il n'y ait ni fumée ni suie ; ce qu'on obtient principalement par la juste proportion de l'ouverture inférieure d'un fourneau, de son foyer & de sa cheminée.

Le courant d'air qui entretient la combustion, doit être facile ; mais si la cheminée se trouve trop large, l'acide carbonique qui s'est formé n'est entraîné que difficilement ; il reste en contact avec le corps combustible, & s'oppose par là à sa combustion ; si la cheminée n'est pas assez élevée, une partie de l'hydrogène réduit en gaz, s'échappe sans brûler ainsi que les parties charbonneuses qui forment la suie ; il en résulte une perte de l'effet qu'auroit dû produire le combustible : une colonne plus élevée d'air raréfié par la chaleur & rendu plus léger, ensuite sa condensation & celle des vapeurs d'eau & de l'acide carbonique au haut de la cheminée, auroient concouru à établir un courant d'air plus rapide. Ces effets s'observent particulièrement dans les fourneaux à réverbère, dans lesquels on s'assure facilement de l'importance d'une cheminée dont l'ouverture soit dans une proportion convenable avec la grandeur du fourneau, & dont on augmente singulièrement l'activité en ajoutant à l'orifice supérieur une certaine étendue de tuyaux : mais une cheminée trop longue est un autre inconvénient que l'on doit éviter; parceque dès que les parties combustibles qui s'élèvent ont le temps de se refroidir au-dessous du degré auquel leur combustion peut s'opérer, ce n'est plus qu'une masse qui, par son poids, s'oppose à la circulation de l'air.

Ces considérations paroîtront minutieuses à quelques personnes ; toutefois elles peuvent être l'objet d'une économie considérable & trop négligée, dans les arts où l'on fait un emploi de la chaleur.

Il ne suffit pas de porter son attention sur la combustion, mais il faut encore tirer tout le parti possible de la chaleur qui en est le produit, de maniere que toute la chaleur qui se dégage de la combustion soit employée, autant qu'il est possible, à produire les différents effets pour lesquels on en a besoin.

Il y a des corps qui donnent un passage facile à la chaleur; telles sont les substances métalliques; il y en a d'autres au contraire qui la conduisent avec lenteur & avec difficulté; tels sont le verre, la poterie, les briques, & particulièrement le charbon. C'est sur-tout sur cette propriété du charbon, que le célebre Black, auquel on doit principalement la connoiffance des loix de la chaleur, a établi la conftruction d'un fourneau ingénieux : j'ai cru devoir en donner une idée, comme d'un modèle qui peut trouver des applications très variées.

Le fourneau eft compofé de tôle qui fert d'enveloppe ; l'intérieur de cette tôle a un enduit de l'épaiffeur de quinze à feize lignes, qui eft compofé d'une partie d'argille & de quatre parties de charbon ; & pour que le feu ne puiffe le détruire, on le recouvre d'une pâte d'argille mêlée avec du fable ; on donne environ huit lignes d'épaiffeur à cette derniere couche qui réfifte à l'action du feu.

Sur le côté du cendrier eft pratiquée une ouverture qui eft fermée par une plaque de cuivre percée de huit trous d'un diamètre différent ; chacun de ces trous eft fermé par un bouchon de cuivre : en donnant paffage à l'air par l'un ou l'autre de ces trous, l'on obtient une combuftion plus ou moins vive, &, pour en graduer les effets à fa volonté, l'on n'a qu'à employer un combuftible d'une nature uniforme ; c'eft ce que M. Black obtient du charbon de terre de bonne qualité réduit en coak.

L’enduit charbonneux du fourneau empêche
la perte de la chaleur, qui eſt preſque toute
appliquée à l’effet qu’on veut produire : la gra-
duation de la chaleur par le moyen du paſſage
qu’on donne à l’air, & l’uniformité du combuſtible, mettent en état de calculer non ſeulement
la durée & la force du feu qu’on applique à une
opération, mais même la quantité que l’on veut
réſerver à chaque partie de l’opération.

Un enduit charbonneux pourroit être appliqué
aux cuves d’indigo au lieu de les envelopper de
couvertures, & aux vaſes dans leſquels on veut
conſerver long-temps la chaleur d’une liqueur :
dans ces circonſtances, un vaſe de terre ou de
verre eſt préférable à un vaſe de métal, qui tranſ-
met beaucoup plus facilement la chaleur à l’air
qui l’environne.

Lorſque l’eau eſt réduite en vapeurs, elle
emporte une grande partie de chaleur qu’elle
laiſſe échapper en reprenant la forme liquide :
l’on peut donc, en couvrant une chaudiere qui eſt
en ébullition, retenir une grande quantité de
chaleur qui peut être employée à différents uſages,
& même, par là, on peut ſe procurer une chaleur
d’un degré conſtant comme dans un bain-marie.

L’on peut conſtruire, ſoit un bain de ſable
propre à pluſieurs opérations, ſoit une ſuite de
chaudieres

chaudieres qui exigent différents degrés de chaleur, en conftruifant un fourneau alongé, & de
maniere que la chauffe étant établie au commencement, la flamme & l'air échauffé foient portés
par un conduit horizontal jufqu'à l'autre extrémité
du fourneau, où fe trouve la cheminée par laquelle
l'air s'échappe après avoir dépofé prefque toute la
chaleur.

La chaleur qui fe communique aux cheminées
des fourneaux ordinaires ne doit pas elle-même
être perdue ; on pourroit établir dans leur paffage
les étuves & les féchoirs dont on peut avoir befoin ;
mais au lieu de chercher à concentrer la chaleur
dans ces cheminées comme on doit le faire pour
les fourneaux, il faut au contraire tâcher de les
en dépouiller ; ainfi la partie qui paffe dans l'endroit où l'on veut retenir la chaleur devroit être
métallique ; mais il faut éviter de diminuer la
chaleur qui eft néceffaire à l'inflammation des
vapeurs combuftibles.

Après avoir donné une idée des phénomènes
de la combuftion, & après avoir indiqué les moyens
de profiter de la chaleur, il refte à confidérer les
différentes efpeces de combuftibles relativement
aux avantages qu'ils préfentent.

Pour comparer l'effet des différents combuftibles, on peut employer le moyen qu'a décrit

Tome I.   **M**

M. Lavoifier (1) ; ce moyen confifte à brûler chaque efpece de combuftible dans le même fourneau, fur lequel on place une chaudiere : on met dans cette chaudiere une égale quantité d'eau bouillante, & l'on remplace celle qui s'évapore en faifant couler par un robinet un poids égal d'eau à chaque opération. L'on compare enfuite les quantités de combuftibles qui ont été néceffaires pour faire évaporer la même quantité d'eau. Il eft manifefte que les qualités des combuftibles font proportionnelles à la quantité qui a été néceffaire pour produire le même effet : l'on n'a donc plus qu'à comparer les quantités de chaque combuftible qui ont été employées à l'évaporation avec leur prix refpectif, pour déterminer quels font ceux qui préfentent de l'avantage & qui doivent être préférés. L'on peut fe fervir indifféremment pour ce calcul du poids ou de la mefure de chaque combuftible, pourvu qu'on en connoiffe le prix.

Au lieu de faire évaporer la même quantité d'eau, on parviendroit également au réfultat qu'on cherche, en faifant brûler ou le même poids ou la même mefure de chaque efpece de

____

(1) Mém. de l'acad. 1781.

combuſtible, & en comparant enſuite les quantités d'eau qui auroient été évaporées.

Comme les meſures & les poids du combuſtible doivent être comparés avec le prix qu'ils ont,
& comme ce prix varie conſidérablement dans
chaque pays, on ne peut rien établir de conſtant
ſur les combuſtibles dont l'emploi eſt le plus avantageux; ici ce ſera le charbon de terre; ailleurs ce
ſera le bois ou la tourbe : le rapport de ces prix
peut même varier dans peu de temps, ou par l'ouverture d'un canal, ou par l'exploitation d'une mine
de charbon de terre, ou par la deſtruction des bois.

Pluſieurs artiſtes conſervent un préjugé contre
l'uſage du charbon de terre ; mais il ſuffit d'ob-
ſerver qu'on l'emploie à préſent dans un ſi grand
nombre d'atteliers ſans en éprouver aucun inconvénient, que l'on ne peut point douter qu'il ne
puiſſe remplacer les autres combuſtibles ; mais
comme, à volume égal, il donne beaucoup plus
de chaleur, il faut apprendre par un peu d'habitude à en ménager l'effet.

Le charbon de terre exige dans les fourneaux
une conſtruction un peu différente que celle des
fourneaux ordinaires; comme il s'enflamme difficilement, il faut qu'il brûle ſur une grille qui
donne paſſage à un courant d'air.

Lors même que l'expérience prouveroit qu'il

n'y a point d'avantage dans un pays à préférer le charbon de terre au bois, on doit confeiller d'en commencer l'ufage, parcequ'il eft très probable que le prix du bois croîtra de plus en plus, & qu'au contraire celui du charbon de terre baiffera, parceque fon exploitation fera favorifée, qu'elle fera faite avec plus d'intelligence qu'elle ne l'a été jufqu'à préfent en France, & que l'on doit efpérer que les canaux qui faciliteront fon tranfport feront multipliés.

On réduit le charbon de terre en véritable charbon par une opération analogue à celle par laquelle on charbonne le bois, & l'on donne à cette opération le nom de défoufrage ; ce charbon préfente un avantage réel pour les hauts fourneaux qui fervent à fondre les mines de fer, parceque le charbon de terre fe gonfle & s'aglutine lorfqu'il eft fortement échauffé, & que par là il engorgeroit les hauts fourneaux ; inconvénients qu'il n'a plus lorfqu'il eft réduit en charbon : mais pour les autres ufages, il eft préférable de l'employer dans fon état naturel, parceque toute l'huile bitumineufe qui fe brûle pendant qu'il fe réduit en charbon eft perdue fans produire aucun effet, & que cette opération exige une main-d'œuvre qu'il faut payer.

La tourbe fe réduit auffi en charbon ; mais cett

opération préfente une difficulté qu'il n'eft pas très facile de vaincre : lorfqu'on préfente à l'air le charbon récent de tourbe, il s'enflamme de lui-même comme un pyrophore ; cependant on eft parvenu à prévenir cet inconvénient.

Ce qu'on a dit du charbon de terre doit s'appliquer à la tourbe. Lorfqu'on peut l'employer dans fon état naturel, il eft plus avantageux de le faire que de fupporter les frais néceffaires pour la réduire en charbon, & de fe priver en même temps de toute la partie qui fe confomme dans cette opération, & qui auroit fervi à produire de la chaleur.

CHAPITRE IV.

Des moyens par lefquels on conftate la bonté d'une couleur.

Comme les couleurs different beaucoup entre elles par la maniere dont elles réfiftent à l'action de l'air & de la lumiere, & que c'eft en cela que confifte principalement leur folidité & leur bonté, indépendamment de l'éclat qu'elles peuvent avoir, il eft important, pour conferver au commerce

M 3

la confiance publique, de pouvoir conftater par des moyens faciles quel eft le degré de bonté d'une couleur. L'on devoit encore attacher plus d'importance à ces moyens, lorfque des réglements rigoureux mettoient des entraves à l'induf-trie, & féparoient avec inquiétude les ouvriers du grand & du petit teint. Par une bizarrerie de ces réglements, l'ouvrier en petit teint auroit été pu-niffable s'il eût fait des couleurs trop folides.

J'aurai peu de chofes à ajouter aux obfervations de Hellot, qui fait connoître la marche qu'a fui-vie Dufay, dont les obfervations ont fervi de bafe aux réglements qui ont été faits fur cet objet, & qui les apprécie avec beaucoup de fagacité.

« Comme on n'a pu s'affurer exactement, ni
« par les informations prifes de différents tein-
« turiers, ni par la lecture des anciens réglements,
« de ce qui caractérifoit précifément les couleurs
« de bon teint & celles de petit teint; il a fallu,
« pour y parvenir, prendre le moyen le plus
« long, le plus difficile, mais en même temps le
« plus affuré, ou, pour mieux dire, le feul fur
« lequel on pouvoit compter avec certitude. Feu
« M. Dufay, de l'académie royale des fciences,
« que le miniftere avoit choifi pour travailler à
« la perfection de cet art, a fait teindre chez lui
« des laines de toutes les couleurs & avec tous les

« ingrédients qui font ufités dans la teinture, tant
« en grand qu'en petit teint ; il a même fait venir
« des différentes provinces ceux qui ne font point
« en ufage à Paris, enfin il a raffemblé la plus
« grande partie des matieres qu'il a foupçonnées
« pouvoir être employées à la teinture , & il en
« a effayé un très grand nombre , fans avoir égard
« aux préjugés des teinturiers, fur les bonnes ou
« mauvaifes qualités des unes ou des autres.

« Il avoit commencé d'abord fes épreuves
« fur des laines filées ; mais il a trouvé plus de
« facilité dans la fuite à fe fervir de morceaux
« de drap blanc, parcequ'il étoit plus commode
» pour les expériences qu'il avoit deffein de
« faire.

« Pour reconnoître enfuite celles de toutes ces
« couleurs qui étoient folides & celles qui ne
« l'étoient point , & diftinguer par conféquent
« celles de bon teint de celles de petit teint , il a
« expofé au foleil & à l'air pendant douze jours
« des échantillons de toutes ces couleurs, teintes
« chez lui , & dont il connoiffoit la compofition.
« Ce temps a paru fuffifant pour les éprouver ;
« car les bonnes couleurs ne font point ou que
« très peu endommagées , & les fauffes font effa-
« cées en grande partie ; de forte qu'après les
« douze jours d'expofition au foleil en été , & à

M 4

« l'humidité de l'air pendant la nuit, il ne peut
« refter aucun doute fur la claffe dans laquelle
« chaque couleur doit être rangée lorfqu'elle a
« été éprouvée de la forte.

« Néanmoins il reftoit encore une difficulté,
« c'eft que, n'ayant pas expofé toutes ces couleurs
« à l'air précifément dans le même temps ni dans
« la même faifon, les unes devoient avoir eu
« plus de foleil que les autres, & par conféquent
« avoir beaucoup plus perdu dans le même efpace
« de douze jours, que celles qui auroient été
« expofées pendant un temps fombre ou pendant
« des jours plus courts. Mais il a remédié à cet
« inconvénient d'une maniere qui ne laiffe plus
« aucune difficulté ni aucun doute fur l'exactitude
« de l'épreuve ; car il a choifi une des plus mau-
« vaifes couleurs, c'eft-à-dire une de celles fur
« lefquelles le foleil avoit fait l'effet le plus fen-
« fible pendant l'efpace de douze jours. Cette
« couleur lui a fervi de piece de comparaifon
« dans tout le cours de fes expériences, & cha-
« que fois qu'il a expofé à l'air des échantillons,
« il y a joint un morceau de cette même étoffe ;
« ce n'étoit plus alors le nombre des jours au-
« quel il avoit égard, c'étoit à la couleur que
« prenoit fon échantillon de comparaifon, & il
« le laiffoit expofé jufqu'à ce qu'il eût autant

« perdu que celui qui avoit été exposé pendant
« douze jours d'été. Comme il marquoit toujours
« le jour auquel il exposoit ses échantillons, il a
« eu occasion d'observer, que dans l'hiver, il suffi-
« soit de les laisser au grand air quatre ou cinq
« jours de plus, pour perdre autant qu'ils au-
« roient fait en été. En suivant cette méthode, il
« ne lui est resté aucun scrupule sur la certitude
« de ses expériences.

« Cette épreuve, par l'exposition à l'air & aux
« rayons du soleil, avoit encore un autre objet ;
« c'étoit de trouver les débouillis convenables à
« chaque couleur. On appelle *débouilli* ou *débout*,
« l'épreuve qui se fait pour connoître si une étoffe
« est de bon teint ou non. On en fait bouillir un
« échantillon dans de l'alun, du tartre, du savon,
« du vinaigre, du citron, &c., &, par l'effet que
« font ces drogues sur la couleur, on juge quelle
« étoit sa qualité. Les débouillis pratiqués jus-
« qu'en 1733, étoient si insuffisants, qu'ils n'ont
« pu servir à M. Dufay d'indication pour en
« trouver de plus sûrs. Il y avoit même de bonnes
« couleurs qu'ils emportoient, sans endommager
« que très peu les mauvaises ; en sorte qu'il a été
« obligé d'en fixer plusieurs, dont chacun sert à
« un très grand nombre de couleurs. Voici en

« peu de mots la regle qu'il a fuivie pour les
« trouver.

« Après avoir vu l'effet de l'air fur chaque
« couleur bonne ou mauvaife, il éprouvoit fur la
« même étoffe différentes efpeces de débouillis,
« & il s'arrêtoit à celui qui faifoit fur cette cou-
« leur le même effet que l'air avoit produit : mar-
« quant enfuite le poids des drogues, la quantité
« de l'eau, la durée de l'épreuve, il étoit fûr de
« produire fur cette couleur un effet pareil à
« celui que l'air devoit y faire, fuppofé qu'elle
« eût été teinte de la même maniere que l'avoit
« été la fienne, c'eft-à-dire felon la méthode des
« teinturiers du grand ou du petit teint. Parcou-
« rant de la forte toutes les couleurs & tous les
« ingrédiens qui entrent dans la teinture, il
« trouvoit un moyen, qu'on peut regarder comme
« fûr, de connoître la bonne ou mauvaife qualité
« de chaque couleur, en faifant par le débouilli une
« efpece d'analyfe de ce qui étoit entré dans fa
« compofition. On ne peut fe difpenfer fans
« injuftice, d'avouer que les moyens qui ont
« conduit M. Dufay à la découverte de ces dé-
« bouillis, ou épreuves des couleurs, ne foient
« très ingénieufement imaginés, parceque l'é-
« preuve par l'air & le foleil ne peut être mife

« en ufage dans les cas où il faut juger fur-le-
« champ fi une étoffe, expofée en vente dans une
« foire ou ailleurs, eft de bon teint, au cas que
« fon prix l'exige.

« Les débouillis de la nouvelle inftruction
« publiée fur les mémoires de M. Dufay, lui
« font perdre en peu de minutes, lorfqu'elle eft
« de faux teint, tout ce qu'elle perdroit étant
« expofée pendant douze ou quinze jours à l'air.
« Mais comme des regles générales pour de
« femblables épreuves doivent être fujettes à
« bien des exceptions, ou qu'on n'a pu prévoir,
« ou qui ayant été prévues, n'ont pu être détail-
« lées, fans courir le rifque de faire naître de la
« confufion, ou des fujets de conteftations fans
« nombre; il s'en fuit que ces regles, données
« peut-être comme trop générales, font auffi trop
« rigoureufes dans plufieurs cas, où des couleurs
« claires demandent des fels ou des dofes de fels
« moins actives que des couleurs bien chargées,
« qui peuvent perdre une quantité confidérable
« de leurs ingrédients colorants dans la liqueur
« agiffante d'un débouilli quelconque, fans qu'on
« y apperçoive de changements fort fenfibles. Il
« auroit donc fallu prefcrire un débouilli prefque
« pour chaque nuance; ce qui étoit impoffible,
« vu leurs variétés infinies. Ainfi l'air & le foleil

« feront toujours la véritable épreuve ; & toute
« couleur qui n'y recevra point d'altération pen-
« dant un certain temps, ou qui y acquerra ce
« que les teinturiers appellent du *fond*, doit être
« réputée de bon teint, quand même elle change-
« roit beaucoup aux débouillis prescrits par la
« nouvelle instruction. L'écarlate en est un exem-
« ple : comme le savon emporte presqu'entière-
« ment cette couleur, on l'a soumise à l'épreuve de
« l'alun ; & quand elle est faite avec la cochenille
« seule, sans autre mélange d'ingrédients, elle
« doit prendre, dans une dissolution d'alun bouil-
« lante, une couleur pourpre : cependant, si l'on
« expose de l'écarlate au soleil, elle y perd une
« partie de son vif, & elle devient plus foncée ;
« mais cette nuance foncée n'est pas celle que
« l'alun lui donne. Ainsi les débouillis, dans cer-
« tains cas, ne peuvent pas être substitués à l'ac-
« tion de l'air & du soleil, au moins quant à la
« parité de l'effet.

« J'ai fait avec le bois de fernambouc, qui,
« comme presque tous les autres bois chargés de
« couleur, est de faux teint, un rouge beaucoup
« plus beau que les rouges de garance, & aussi
« vif que les rouges faits avec la graine de ker-
« mès ; ce rouge, au moyen de sa préparation
« particulière, dont il sera parlé en son lieu, a

« demeuré expofé à l'air pendant les deux derniers
« mois de 1740, qui ont été fort pluvieux, &
« pendant les deux premiers de 1741 : malgré la
« pluie & le mauvais temps, il a réfifté ; & bien
« loin de perdre, il a acquis du fond. Cependant
« ce même rouge, fi folide à l'air, ne réfifte pas à
« l'épreuve du tartre. Seroit-il jufte de le pro-
« fcrire parceque ce fel le détruit, & les étoffes
« que nous employons à nos habillements,
« font - elles deftinées à être bouillies avec
« le tartre, avec l'alun, avec le favon ? Je ne pré-
« tends pas cependant défapprouver les épreuves
« par les débouillis ; elles font utiles parcequ'elles
« font promptes ; mais il y a des cas où elles ne
« doivent pas fervir de regles pour prononcer une
« confifcation, fur-tout quand elles ne feront
« pas connoître qu'une couleur qui a dû être
« faite avec des drogues de bon teint, l'a été avec
« les ingrédients du petit teint. »

L'on voit qu'il n'y a eu jufqu'à préfent qu'une
maniere certaine de déterminer la folidité des
couleurs, c'eft de les expofer à l'action de l'air,
du foleil & de la rofée pendant un certain
temps : [les débouillis ne peuvent, quelques
foins que l'on fe foit donnés pour en faire
un bon choix, s'appliquer qu'aux procédés confor-

mes aux réglements , mais non à ceux que l'on a
trouvés ou perfectionnés depuis qu'ils font faits.

L'acide muriatique oxygéné donne un moyen
prompt & facile de déterminer le degré de folidité
d'une couleur , puifqu'il agit comme l'air lui-
même : ainfi, lorfqu'on veut examiner une couleur,
il n'y a qu'à mettre un échantillon de l'étoffe dans
l'acide muriatique oxygéné avec un échantillon
d'une couleur pareille & qui ait été teint par un
bon procédé ; le degré de réfiftance qu'oppofent les
couleurs des deux échantillons devient la mefure
de leur bonté ; mais comme cette liqueur a une
action très vive fur les parties colorantes, il faut
ne l'employer que très affoiblie. Cette épreuve a
encore l'avantage de faire connoître, à peu de chose
près, les nuances & les dégradations par lefquelles
doit paffer l'étoffe lorfqu'elle fera altérée par l'air.
Cependant s'il falloit examiner une couleur d'une
maniere juridique , je n'oferois me confier entièrement à l'action de l'acide muriatique oxygéné , &
je ne prononcerois avec affurance que fur les
réfultats que me préfenteroit l'expofition à l'air.

L'on fe contente ordinairement, pour éprouver
les couleurs fur foie , de les expofer à la chaleur
dans l'acide acéteux ou dans le fuc de citron : on
les regarde comme folides & comme couleurs

fines, si elles résistent à cette épreuve ; & en effet, lorsqu'on s'est servi simplement des bois ou de l'orseille, les couleurs passent au rouge par l'action d'un acide végétal ; mais si l'on a fait usage de la dissolution d'étain pour teindre par le moyen de ces substances, la couleur qui a été préparée dans une liqueur acide, n'est pas altérée par les acides végétaux, & alors l'on peut regarder comme fine une couleur qui a beaucoup moins coûté pour sa préparation & qui doit s'altérer plus facilement; de sorte qu'il faut encore s'en tenir pour la soie à l'acide muriatique oxygéné, & sur-tout à l'exposition à l'air.

Il y a un autre genre d'épreuve qui me semble fort utile, c'est celui qui a pour objet de comparer la bonté des substances colorantes d'une même nature. L'on s'en est tenu jusqu'à présent au coup-d'œil & à quelques autres indices qui ne pouvoient servir qu'à des appréciations incertaines, & qui ne pouvoient point fournir une échelle de comparaison. L'acide muriatique oxygéné me paroît avoir cette propriété à un point qui ne laisse rien à desirer ; parceque, dès que l'on compare de l'indigo avec de l'indigo, la nature des parties colorantes est la même ou presque la même, & aucune affinité étrangere n'empêche que l'action de l'acide muriatique oxygéné ne détermine la quantité proportionnelle de substance colorante.

S'il se trouvoit une différence un peu considérable entre la nature des parties colorantes que l'on prend pour les mêmes, il est très probable que l'action de l'acide muriatique oxygéné seroit encore une mesure de leur bonté respective.

Lors donc que l'on veut comparer deux ou plusieurs substances colorantes de même nature, & déterminer la quantité & la qualité relatives de parties colorantes que chacune de ces substances contient, l'on n'a qu'à comparer les quantités du même acide muriatique oxygéné qui sont nécessaires pour amener un poids égal de chacune de ces substances au même degré de dégradation ; & les qualités de ces substances ou la quantité de parties colorantes qu'elles contiennent sont en rapport direct avec les quantités de liqueur qui ont été nécessaires pour produire sur chacune le même effet : mais pour cette évaluation il faut que les parties colorantes de chaque substance aient été dissoutes par une liqueur convenable, & que toutes les circonstances de l'opération comparative soient égales.

Si l'on veut comparer, par exemple, plusieurs especes d'indigo, on prend de chacune poids égal,

égal, on les pulvérise avec soin, on les met dans des matras séparés avec huit fois leur poids d'acide sulfurique concentré : on tient les matras pendant vingt-quatre heures à une chaleur de trente à quarante degrés ; le fumier peut servir pour cet objet : on étend ensuite chaque dissolution d'une quantité d'eau ; on filtre les liqueurs ; on recueille les résidus que l'on trouve sur les filtres, on les broie dans un mortier de verre, en y ajoutant encore un peu d'acide sulfurique, on met encore en digestion : on étend d'une égale quantité d'eau ces dernieres dissolutions ; on les filtre, & on ajoute chaque liqueur à celle qui y correspond ; enfin on verse sur chaque dissolution la quantité d'acide muriatique oxygéné qui lui est nécessaire pour en détruire la couleur, ou plutôt pour le ramener à une même nuance de jaune. Les qualités des différentes especes d'indigo sont proportionnelles aux quantités d'acide muriatique oxygéné qu'il a fallu pour détruire leur couleur.

Les épreuves des parties colorantes qui sont solubles dans l'eau, sont beaucoup plus simples ; l'on n'a, après les avoir épuisées autant qu'il est possible, qu'à mêler à volume égal la décoction d'un même poids de ces substances, & comparer la quantité d'acide muriatique oxygéné qui est nécessaire pour les amener à une même teinte.

Tome I.   N

Quelque incertitude que laiſſent dans pluſieurs circonſtances les épreuves preſcrites par les réglements, je ſuis bien éloigné d'en proſcrire entièrement l'uſage; car il me paroîtroit injuſte qu'une couleur qui en impoſeroit par un éclat fugitif, pût être préférée à une couleur ſolide, préparée à frais beaucoup plus grands & dans la rigueur de la bonne foi.

Comment allier les intérêts du commerce, la liberté que réclame l'induſtrie & la ſûreté des conſommateurs? C'eſt un problême qui eſt difficile à réſoudre & qui exige toute la prudence du légiſlateur; mais quoique cet objet ſoit étranger à mes recherches, il eſt peut-être de mon devoir d'expoſer les idées qui ſe ſont préſentées à moi.

La partie des réglements qui concerne le noir me paroît devoir être conſervée, parceque le débouilli preſcrit eſt propre à déterminer ſi le drap a reçu un pied de bleu, & quelle eſt la force de ce pied de bleu.

Celle qui a pour objet l'écarlate & les nuances voiſines de l'écarlate devroit être ſupprimée, parcequ'elle ſuppoſe qu'on doit faire les langouſtes, par exemple, ſans employer du fuſtet ou d'autres ingrédients jaunes; ce qui n'eſt pas poſſible, ou du moins ce qui ne peut être exécuté ſans des inconvénients auſſi grands que la fugacité de la couleur de ces ingrédients. Il me paroît que, pour ces couleurs, on peut se confier à la beauté dont tout le monde est facilement juge, parceque l'on ne peut suppléer à la cochenille sans nuire à l'éclat de la couleur.

L'on indique le savon pour l'épreuve des verds; mais l'on proscriroit par là les verds de Saxe qui n'en soutiennent pas l'épreuve, & qui sont recherchés à cause de leur éclat, quoiqu'ils soient moins solides que les verds faits avec le bleu de cuve.

Je voudrois que toutes les manieres de teindre fussent également permises, que cette distinction en grand & petit teint, qui ne peut plus se soutenir, puisque les ingredients attribués au petit teint entrent à présent dans des couleurs solides, fût abolie, que chaque artiste pût donner la plus grande extension à son industrie & à ses spéculations; mais que le public fût averti par une marque, des couleurs auxquelles il peut donner sa confiance pour la solidité; que conséquemment les couleurs qui auroient soutenu les épreuves déterminées par la loi, fussent indiquées par un plomb qui les déclareroit *couleurs solides*, quel que fût le procédé employé;

Que celles qui seroient présentées comme couleurs solides & qui cependant ne pourroient pas

foutenir les épreuves prefcrites , fuffent fimple‑
ment retennes pour foutenir l'épreuve de l'air ;

Que fi elles foutenoient l'action de l'air en
concurrence avec une couleur femblable reconnue
pour bonne elles fuffent alors marquées du plomb
des couleurs folides ;

Que , dans ce cas , qui ne pourroit fe préfenter
que très rarement , un chymifte fût chargé de
procurer un réactif propre à diftinguer prompte‑
ment cette efpece de teinture.

Je préférerois à la plupart des épreuves qui
font prefcrites , celle de l'acide muriatique
oxygéné , qui eft plus fimple , plus indica‑
tive , plus générale , puifqu'elle s'applique aux
couleurs de la foie & du coton , comme à
celles de la laine ; mais je defirerois, avant qu'elle
fût adoptée , qu'on en conftatât la bonté par un
grand nombre d'épreuves faites en préfence de
plufieurs teinturiers & de plufieurs commerçants ,
& que les inductions qu'on en tireroit , lorfque
l'épreuve feroit défavorable , ne fuffent également
que provifoires. Cependant les débouillis prefcrits
par les ordonnances peuvent être employés utile‑
ment dans quelques circonftances : il eft poffible
de les rendre plus exacts & d'en diriger mieux
l'application , & je n'ai pas affez de confiance dans
les idées que je viens de préfenter pour décider

qu'on a une meilleure méthode à leur substituer : ces motifs m'ont engagé à les rappeller.

Dans la comparaison qu'il convient de faire, quelle que soit l'épreuve qu'on choisisse, il faut opposer un échantillon qui ait non seulement la même couleur, mais qui soit d'une étoffe à-peu-près de la même espece.

Pour les étoffes de coton & de lin qui sont destinées à être lessivées, elles doivent être éprouvées par l'action des alkalis.

INSTRUCTION

Sur le débouilli des laines & étoffes de laine.

« Comme il a été reconnu que la méthode
« prescrite pour les débouillis des teintures par
« l'article XXXVII des réglements pour les
« teinturiers en grand & bon teint, des draps,
« serges & autres de laine, du mois d'août 1669,
« & par les articles CCXX & suivants de l'in-
« struction générale pour la teinture des laines
« de toutes couleurs, & pour la culture des
« drogues & ingrédients qui y sont employés, du
« 18 mars 1671, n'est pas suffisante pour juger
« exactement de la bonté ou de la fausseté de

« plusieurs couleurs, que cette méthode pouvoit
« même quelquefois induire en erreur & donner
« lieu à des contestations, il a été fait, par ordre
« de sa majesté, différentes expériences sur les
« laines destinées à la fabrique des tapisseries,
« pour connoître le degré de bonté de chaque
« couleur, & les débouillis les plus convenables
« à chacune.

« Pour y parvenir, il a été teint des laines fines
« en toutes sortes de couleurs, tant en bon teint
« qu'en petit teint, & elles ont été exposées à
« l'air & au soleil pendant un temps convenable.
« Les bonnes couleurs se sont parfaitement sou-
« tenues, & les fausses se sont effacées plus ou
« moins, à proportion du degré de leur mau-
« vaise qualité : & comme une couleur ne doit
« être réputée bonne qu'autant qu'elle résiste à
« l'action de l'air & du soleil, c'est cette épreuve
« qui a servi de regle pour décider sur la bonté
« des différentes couleurs.

« Il a été fait ensuite, sur les mêmes laines
« dont les échantillons avoient été exposés à l'air
« & au soleil, diverses épreuves de débouilli;
« & il a d'abord été reconnu que les mêmes
« ingrédients ne pouvoient pas être indifférem-
« ment employés dans les débouillis de toutes les
« couleurs, parcequ'il arrivoit quelquefois qu'une

« couleur reconnue bonne par l'expofition à l'air,
« étoit confidérablement altérée par le débouilli,
« & qu'une couleur fauffe réfiftoit au même
« débouilli.

« Ces différentes expériences ont fait fentir
« l'inutilité du citron, du vinaigre, des eaux
« fûres & des eaux fortes, par l'impoffibilité de
« s'affurer du degré d'acidité de ces liqueurs ; &
« il a paru que la méthode la plus fûre eft de
« fe fervir avec l'eau commune, d'ingrédients
« dont l'effet eft toujours égal.

« En fuivant cet objet, il a été jugé néceffaire
« de féparer en trois claffes toutes les couleurs
« dans lefquelles les laines peuvent être teintes,
« tant en bon qu'en petit teint, & de fixer les
« ingrédients qui doivent être employés dans les
« débouillis des couleurs comprifes dans chacune
« de ces trois claffes.

« Les couleurs comprifes dans la premiere
« claffe doivent être débouillies avec l'alun de
« Rome, celles de la feconde avec le favon
« blanc & celles de la troifieme avec le tartre rouge.

« Mais comme il ne fuffit pas, pour s'affurer
« de la bonté d'une couleur par l'épreuve du
« débouilli, d'y employer des ingrédients dont
« l'effet foit toujours égal ; qu'il faut encore, non
« feulement que la durée de cette opération foit

« exactement déterminée, mais même que la
« quantité de liqueur soit fixée, parceque le plus
« ou moins d'eau diminue ou augmente considéra-
« blement l'activité des ingrédiens qui y entrent,
« la maniere de procéder aux différents débouillis
« sera prescrite par les articles suivants.

ARTICLE PREMIER.

« Le débouilli avec l'alun de Rome sera fait
« en la maniere suivante :

« On mettra dans un vase de terre ou terrine
« une livre d'eau & une demi-once d'alun ; on
« mettra le vaisseau sur le feu, & lorsque l'eau
« bouillira à gros bouillons, on y mettra la laine
« dont l'épreuve doit être faite, & on l'y laissera
« bouillir pendant cinq minutes ; après quoi on
« la retirera, & on la lavera dans l'eau froide : le
« poids de l'échantillon doit être d'un gros ou
« environ.

ART. II.

« Lorsqu'il y aura plusieurs échantillons de laine
« à débouillir ensemble, il faudra doubler la quan-
« tité d'eau & celle d'alun, ou même la tripler, ce
« qui ne changera en rien la force & l'effet du
« débouilli, en observant la proportion de l'eau
« & de l'alun ; en sorte que pour chaque livre

« d'eau il y ait toujours une demi-once d'alun.

A R T. I I I.

« Pour rendre plus certain l'effet du débouilli,
« on obſervera de ne pas faire débouillir enſemble
« des laines de différentes couleurs.

A R T. I V.

« Le débouilli avec le ſavon blanc ſe fera de
« la maniere ſuivante :

« On mettra dans une livre d'eau deux gros
« ſeulement de ſavon blanc haché en petits mor-
« ceaux ; ayant mis enſuite le vaiſſeau ſur le feu,
« on aura ſoin de remuer l'eau avec un bâton,
« pour bien faire fondre le ſavon ; lorſqu'il ſera
« fondu, & que l'eau bouillira à gros bouillons,
« on y mettra l'échantillon de laine, qu'on y fera
« pareillement bouillir pendant cinq minutes, à
« compter du moment qu'il y aura été mis, ce
« qui ne ſe fera que lorſque l'eau bouillira à
« gros bouillons.

A R T. V.

« Lorſqu'il y aura pluſieurs échantillons de
« laine à débouillir enſemble, on obſervera la
« méthode preſcrite par l'article II, c'eſt-à-dire

« que, pour chaque livre d'eau, on mettra tou-
« jours deux gros de savon.

ART. VI.

« Le débouilli avec le tartre rouge se fera pré-
« cisément de même avec les mêmes doses &
« dans les mêmes proportions que le débouilli
« avec l'alun, en observant de bien pulvériser le
« tartre avant que de le mettre dans l'eau, afin
« qu'il soit entièrement fondu lorsqu'on y mettra
« les échantillons de laine.

ART. VII.

« Les couleurs suivantes seront débouillies
« avec l'alun de Rome, savoir, le cramoisi de
« toutes nuances, l'écarlate de Venise, l'écarlate
« couleur de feu, le couleur de cerise & autres
« nuances de l'écarlate, les violets & gris de lin
« de toutes nuances, les pourpres, les langoustes,
« jujubes, fleur de grenade, les bleus, les gris
« ardoisés, gris lavandés, gris violents, gris vi-
« neux, & toutes les autres nuances semblables.

ART. VIII.

« Si, contre les dispositions du réglement sur
« les teintures, il a été employé dans la teinture

« des laines fines en cramoisi, des ingrédients de
« faux teint, la contravention sera aisément re-
« connue par le débouilli avec l'alun, parcequ'il
« ne fait que violenter un peu le cramoisi fin,
« c'est-à-dire le faire tirer sur le gris de lin; mais
« il détruit les plus hautes nuances du cramoisi
« faux, & il les rend d'une couleur de chair très
« pâle, il blanchit même presque entièrement
« les basses nuances du cramoisi faux; ainsi ce
« débouilli est un moyen assuré pour distinguer
« le cramoisi faux d'avec le fin.

A R T.   I X.

« L'écarlate de kermès ou de graine commu-
« nément appellée *écarlate de Venise*, n'est nul-
« lement endommagée par ce débouilli; il fait
« monter l'écarlate couleur de feu ou de coche-
« nille à une couleur de pourpre, & fait violen-
« ter les basses nuances, en sorte qu'elles tirent
« sur le gris de lin; mais il emporte presque
« toute la fausse écarlate de brésil, & il la réduit
« à une couleur de pelure d'oignon: il fait encore
« un effet plus sensible sur les basses nuances de
« cette fausse couleur.

« Le même débouilli emporte aussi presque
« entièrement l'écarlate de bourre & toutes ses
« nuances.

A R T. X.

« Quoique le violet ne soit pas une couleur
« simple, mais qu'elle soit formée des nuances
« du bleu & du rouge, elle est néanmoins si im-
« portante qu'elle mérite un examen particulier.
« Le même débouilli avec l'alun de Rome ne fait
« presque aucun effet sur le violet fin, au lieu qu'il
« endommage beaucoup le faux ; mais on obser-
« vera que son effet n'est pas d'emporter toujours
« également une grande partie de la nuance du
« violet faux, parcequ'on lui donne quelquefois
« un pied de pastel ou d'indigo ; ce pied étant
« de bon teint, n'est pas emporté par le débouilli,
« mais la rougeur s'efface, & les nuances brunes
« deviennent presque bleues, & les pâles d'une
« couleur désagréable de lie de vin.

A R T. X I.

« A l'égard des violets demi-fins, défendus
« par le présent réglement, ils seront mis dans la
« classe des violets faux, & ne résistent pas plus
« au débouilli.

A R T. X I I.

« On connoîtra de la même maniere les gris
« de lin fins d'avec les faux, mais la différence

« est légère ; le gris de lin de bon teint perd seu-
« lement un peu moins que le gris de lin de
« faux teint.

ART. XIII.

« Les pourpres fins résistent parfaitement au
« débouilli avec l'alun, au lieu que les faux per-
« dent la plus grande partie de leur couleur.

ART. XIV.

« Les couleurs de langouste, jujube, fleur de
« grenade, tireront sur le pourpre après le dé-
« bouilli, si elles ont été faites avec la cochenille,
« au lieu qu'elles pâliront considérablement si
« l'on y a employé le fustet, dont l'usage est dé-
« fendu.

ART. XV.

« Les bleus de bon teint ne perdront rien au
« débouilli, soit qu'il soit de pastel ou d'indigo,
« mais ceux de faux teint perdront la plus grande
« partie de leur couleur.

ART. XVI.

« Les gris ardoisés, gris lavandés, gris vio-
« lents, gris vineux, perdent presque toute leur

« couleur s'ils font de faux teint, au lieu qu'ils
« fe foutiendront parfaitement s'ils font de bon
« teint.

ART. XVII.

« On débouillira avec le favon blanc les cou-
« leurs fuivantes ; favoir, les jaunes, jonquilles,
« citrons, orangés, & toutes les nuances qui ti-
« rent fur le jaune ; toutes les nuances du verd ;
« depuis le verd jaune ou verd naiffant jufqu'au
« verd de chou ou verd de perroquet, les rouges
« de garance, la canelle, la couleur de tabac &
« autres femblables.

ART. XVIII.

« Ce débouilli fait parfaitement connoître fi les
« jaunes & les nuances qui en dérivent font de bon
« ou de faux teint ; car il emporte la plus grande
« partie de leur couleur, s'ils font faits avec la
« graine d'Avignon, le roucou, la terra-merita, le
« fuftet ou le fafran, dont l'ufage eft prohibé pour
« les teintures fines ; mais il n'altere pas les jaunes
« faits avec la farrette, la géneftrolle, le bois
« jaune, la gaude & le fenugrec.

ART. XIX.

« Le même débouilli fera connoître auffi par-
« faitement la bonté des verds ; car ceux de faux

« teint perdent presque toute leur couleur, ou
« deviennent bleus s'ils ont eu un pied de pastel ou
« d'indigo ; mais ceux de bon teint ne perdent
« presque rien de leur nuance & demeurent
« verds.

ART. XX.

« Les rouges de pure garance ne perdent rien
« au débouilli avec le savon & n'en deviennent
« que plus beaux ; mais si on y a mêlé du brésil,
« ils perdent de leur couleur à proportion de la
« quantité qui y a été mise.

ART. XXI.

« Les couleurs de canelle, de tabac, & au-
« tres semblables, ne sont presque pas altérées
« par ce débouilli si elles sont de bon teint, mais
« elles perdent beaucoup si on y a employé le
« roucou, le fustet ou la fonte de bourre.

ART. XXII.

« Le débouilli fait avec l'alun ne seroit d'au-
« cune utilité, & pourroit même induire en er-
« reur sur plusieurs des couleurs de cette seconde
« classe, car il n'endommage pas le fustet ni le

« roucou, qui cependant ne réſiſtent pas à l'ac-
« tion de l'air, & il emporte une partie de la ſar-
« rette & de la géneſtrolle, qui ſont cependant
« de très bons jaunes & de très bons verds.

A R T. XXIII.

« On débouillira avec le tartre rouge tous les
« fauves ou couleurs de racine : on appelle ainſi
« toutes les couleurs qui ne ſont pas dérivées
« des cinq couleurs primitives ; ces couleurs ſe
« font avec le brou de noix, la racine de noyer,
« l'écorce d'aune, le ſumac ou roudoul, le ſantal
« & la ſuie ; chacun de ces ingrédients donne un
« grand nombre de nuances différentes, qui ſont
« toutes compriſes ſous le nom général de fauve
« ou couleur de racine.

A R T. XXIV.

« Les ingrédients dénommés dans l'article pré-
« cédent ſont bons, à l'exception du ſantal & de
« la ſuie, qui le ſont un peu moins, & qui ru-
« diſſent la laine lorſqu'on en met une trop
« grande quantité : ainſi tout ce que le débouilli
« doit faire connoître ſur ces ſortes de couleurs,
« c'eſt ſi elles ont été ſurchargées de ſantal ou de
ſuie,

« suie, dans ce cas elles perdent considérable-
« ment par le débouilli fait avec le tartre ; & si
« elles sont faites avec les autres ingrédients, ou
« qu'il n'y ait qu'une médiocre quantité de san-
« tal ou de suie, elles résistent beaucoup da-
« vantage.

A R T. X X V.

« Le noir étant la seule couleur qui ne puisse
« être comprise dans aucune des trois classes
« énoncées ci-dessus, parcequ'il est nécessaire de
« se servir d'un débouilli beaucoup plus actif,
« pour connoître si la laine a eu le pied bleu
« turquin, conformément aux réglements, le
« débouilli en sera fait en la maniere suivante :
« On prendra une livre ou une chopine d'eau,
« on y mettra une once d'alun de Rome & au-
« tant de tartre rouge pulvérisés; on fera bouillir
« le tout, & on y mettra l'échantillon de laine, qui
« doit bouillir à gros bouillons pendant un quart-
« d'heure; on le lavera ensuite dans l'eau fraî-
« che; & il sera facile alors de voir si elle a eu
« le pied de bleu convenable, car dans ce cas la
« laine demeurera bleue presque noire, & si elle
« ne l'a pas eu, elle grisera beaucoup.

Tome I.

ART. XXVI.

« Comme il est d'usage de brunir quelquefois
« les couleurs avec la noix de galle & la coupe-
« rose, & que cette opération appellée *bruni-*
« *ture*, qui doit être permise dans le bon teint,
« peut faire un effet particulier sur le débouilli
« de ces couleurs, on observera que quoiqu'a-
» près le débouilli, le bain paroisse chargé de
« teinture, parceque la bruniture aura été em-
« portée, la laine n'en sera pas moins réputée de
« bon teint. si elle a conservé son fond ; si au
« contraire elle perd son fond, ou son pied de
« couleur, elle sera déclarée de faux teint.

ART. XXVII.

« Quoique la bruniture qui se fait avec la noix
« de galle & la couperose soit de bon teint,
« comme elle rudit ordinairement la laine, il con-
« vient, autant que faire se pourra, de se servir
« par préférence de la cuve d'Inde ou de celle
« de pastel.

ART. XXVIII.

« On ne doit soumettre à aucune épreuve
« de débouilli les gris communs faits avec la

« galle & la couperofe, parceque ces couleurs
« font de bon teint & ne fe font pas autrement ;
« mais il faut obferver de les engaller d'abord &
« de mettre la couperofe dans un fecond bain
« beaucoup moins chaud que le premier, parce-
« que de cette maniere ils font plus beaux &
« plus affurés. »

SECTION III.

Des Agents chymiques dont on fait usage en Teinture.

CHAPITRE PREMIER.

Des Acides.

L'ON reconnoît les acides à leur faveur aigre, à la propriété qu'ils ont de rougir la couleur bleue de plusieurs végétaux, tels que celle du tournesol & celle du sirop de violette, & à l'effervescence qu'ils produisent lorsqu'on les mêle avec la terre calcaire & avec les alkalis qui ne font pas dans l'état caustique.

Il y a un grand nombre d'acides, & probablement les chymistes en découvriront encore plusieurs; mais l'on ne parlera ici que de ceux qui font en usage dans la teinture, & l'on ne décrira que les propriétés qu'il est nécessaire de connoître pour apprécier leur action ou diriger leur usage dans cet art.

ARTICLE PREMIER.

De l'acide sulfurique ou vitriolique.

L'acide sulfurique pur est sans odeur, sans couleur, transparent comme de l'eau, & d'une onctuosité qui approche de celle de l'huile, lorsqu'il est concentré ; d'où vient qu'on lui donnoit le nom d'huile de vitriol, dénomination qui pourroit tromper d'une maniere dangereuse sur sa nature.

On a d'abord retiré cet acide du sulfate de fer ou vitriol de fer, en le poussant à un grand feu; d'où vient le nom d'acide vitriolique qu'on lui avoit donné : mais aujourd'hui on retire du soufre presque tout celui qui est employé dans les arts, par un procédé beaucoup moins dispendieux. Cet acide est le résultat de la combustion du soufre qui, en brûlant, se combine avec la base de l'air vital ou oxygène qui se trouve dans l'air atmosphérique & dans le nitre dont on ajoute une certaine quantité au soufre (1). On enflamme ce

____

(1) M. de Morveau a indiqué un procédé par lequel on se passe de nitre (*Encyclop.*, p. 359) ; & il paroît qu'on fait actuellement usage en Angleterre d'un procédé pareil. *Journ. de Phys.* septembre 1790.

mélange, & l'on en reçoit les vapeurs dans une chambre dont l'intérieur est revêtu de plomb & dont le fond est couvert d'une couche d'eau : les vapeurs qui se rassemblent & s'unissent à l'eau, forment l'acide sulfurique, qu'il faut considérer comme du soufre complètement brûlé.

L'acide sulfurique, au sortir de la chambre de plomb, n'est pas dans un état concentré, mais il est mêlé à une certaine quantité d'eau surabondante, & il retient l'odeur de l'acide sulfureux, qui diffère de l'acide sulfurique en ce qu'il n'est pas assez saturé d'oxygène ; il retient encore un peu d'acide nitreux, qui provient du nitre qu'on a mêlé au soufre. Si on le laisse quelque temps exposé à l'air, l'odeur de l'acide sulfureux se dissipe ; mais on se sert d'un autre moyen pour lui ôter cette odeur & pour le priver en même temps d'une partie de l'eau surabondante ; on le fait évaporer dans des vases ouverts.

Il ne faut qu'une très petite quantité de substance végétale ou animale pour donner à cet acide une couleur brune, & celui qui est dans le commerce n'a jamais une couleur bien claire ; mais on peut la lui procurer en le faisant bouillir quelque temps dans une cornue. Par cette opération on le prive en même temps d'une portion d'acide nitreux que l'on trouve dans celui qui est dans le commerce , & d'une portion de l'eau qu'il contenoit encore : il devient blanc &, tranfparent , & la concentration eft d'autant plus grande qu'on a fait paffer à la diftillation une plus grande quantité d'eau. Si on veut l'avoir d'une pureté entiere , il faut , après avoir féparé la premiere portion qui eft foiblement acide , continuer la diftillation jufqu'à ce qu'il ne refte plus de liqueur dans la cornue , dans laquelle on trouve pour réfidu un peu d'alkali , qui provient du nitre , & qui refte combiné avec de l'acide fulfurique en excès , combinaifon défignée par le nom de *fulfate acidule de potaffe ;* fouvent auffi on trouve un peu de fulfate de plomb.

Il faut pour cette rectification , choifir une cornue qui ne foit pas élevée , & bien l'affujettir dans le fourneau, afin que les mouvements qu'occafionne l'ébullition de l'acide ne la faffent pas caffer. Si cet accident arrive , il faut s'éloigner promptement pour éviter les vapeurs fulfureufes, qui fe dégagent abondamment lorfque l'acide tombe fur les charbons ardents.

L'acide fulfurique attire puiffamment l'humidité de l'air , & , pour le conferver concentré , il faut le tenir dans des vaiffeaux de verre bouchés, avec foin.

Lorfqu'on le mêle avec l'eau , il fe produit une

grande chaleur; de sorte qu'on doit faire ce mélange peu à peu, pour éviter que le vaisseau ne casse. Pour faire un mélange exact, il faut remuer long-temps la liqueur avec une baguette de verre; car, malgré la grande affinité de cet acide pour l'eau, la différence des pesanteurs spécifiques s'oppose à leur mélange.

L'acide sulfurique très concentré a une pesanteur spécifique presque double de celle de l'eau distillée. Lorsqu'il est foible, c'est à-dire délayé de beaucoup d'eau, on lui donne la dénomination trompeuse *d'esprit de vitriol*.

Pour obtenir des effets constants, il est bon d'employer pour les mêmes opérations un acide sulfurique qui ait toujours le même degré de concentration. On pourroit déterminer sa pesanteur spécifique par l'aréometre de Farheneit; mais il est plus expéditif & il est suffisant de se servir de l'aréometre très connu de M Baumé. Pour cela l'on met l'acide dans un cylindre de verre, & l'on y plonge l'aréometre des sels : plus la liqueur est pesante, moins l'aréometre plonge, & le degré de son échelle qui s'arrête à la surface de la liqueur indique sa concentration. L'acide sulfurique très concentré est à soixante-huit degrés de cet aréometre.

Jusqu'à présent on ne s'est servi de l'acide

fulfurique dans les teintures que pour les diffolutions d'indigo, & pour cet ufage on a befoin qu'il
foit fort concentré & très pur ; mais on en emploie
beaucoup pour préparer les toiles de coton qu'on
deftine à être peintes, & pour le blanchiment des
toiles & des fils, foit par l'acide muriatique
oxygéné, foit par l'expofition fur les prés. On ne
l'a pas encore adopté en France pour ce dernier
objet ; mais il y a long-temps que, felon M.
Home, on s'en fert en Angleterre ; & les expériences qui ont été faites dans le blanchiment par
l'acide muriatique oxygéné, prouvent qu'on peut
le fubftituer avec avantage au lait aigri qu'on
emploie ordinairement dans ce pays-ci.

Pour ces derniers ufages l'on n'a pas befoin
d'un acide fulfurique concentré : fi donc on fe
trouve dans le voifinage d'une fabrique d'acide
fulfurique, il eft plus avantageux de l'acheter
avant qu'on l'ait concentré, & d'éviter par là les
frais de cette opération ; mais fi on fe trouve
éloigné de ces établiffements, la diminution des
frais de tranfport peut rendre plus avantageux
de l'acheter dans un état de concentration, que
s'il étoit étendu d'une certaine quantité d'eau.

L'acide fulfurique forme différentes combinaifons avec les alkalis, avec les terres & avec
les fubftances métalliques. Pour indiquer par la

dénomination le principe acide de ces combinaisons, on leur a donné le nom de *sulfates*; Ainsi on appelle sulfate de potasse la combinaison de l'alkali végétal ou de la potasse. L'on traitera dans des articles particuliers, des sulfates qui sont en usage en teinture; l'on va seulement en indiquer ici deux dont il est quelquefois mention dans les ouvrages sur la teinture.

Le sulfate de potasse ou tartre vitriolé est un sel d'une saveur amère & piquante; il demande pour se dissoudre seize parties d'eau à la température de soixante degrés de Farheneit. Il s'en trouve dans les cendres de plusieurs végétaux. Hellot le regardoit, par son peu de dissolubilité, comme propre à fixer les parties colorantes dans les pores des draps; mais cette opinion n'a point de fondement. Il a peu d'action sur les parties colorantes.

Le sulfate de soude ou sel de Glauber est beaucoup plus soluble que le précédent; il tombe en efflorescence à l'air, c'est-à-dire que l'air lui ôte son eau de cryftallifation, & qu'alors il prend l'apparence d'une farine. On le trouve naturellement dans quelques souterrains & dans quelques eaux; ainsi on en retire des résidus des eaux qu'on fait évaporer dans les salines de Lorraine. C'est ce sel qu'on vend ordinairement sous le nom de sel d'Epfom , quoique le véritable fel d'Epfom foit un fulfate de magnéfie & non un fulfate de foude.

Le fulfate de chaux ou la combinaifon de la chaux avec l'acide fulfurique eft un fel très abondant dans la nature ; c'eft ce fel qui forme le gypfe & le plâtre : il exige pour fe diffoudre près de cinq cents fois fon poids d'eau à la température de douze degrés de Reaumur.

ART. I I.

De l'acide nitrique ou nitreux.

Les chymiftes ont donné différents noms à cet acide felon les procédés par lefquels il a été retiré du nitre : on appelloit *eau-forte* celui qu'on retire du mélange du nitre & de l'argille , *efprit de nitre* celui qui provient du nitre diftillé avec le fulfate de fer , & *acide nitreux fumant* celui qu'on obtient du mélange du nitre & de l'acide fulfurique. On ne fait pas ces diftinctions dans le commerce , & l'on donne ordinairement le nom d'eau-forte à cet acide , quelque procédé qu'on ait employé. En effet c'eft toujours le même acide, & il ne differe que par le degré de concentration ou par la couleur ; il eft quelquefois blanc, & quelquefois rouge & fumant : il doit cette couleur &

la propriété d'être fumant, au gaz nitreux qu'il tient en diffolution, ainfi qu'on l'expliquera ci-après.

Si on expofe à une chaleur fuffifante l'acide le plus rouge, le gaz nitreux fe dégage & l'acide refte blanc. C'eft dans cet état qu'on l'appelle acide nitrique, & on lui donne le nom d'acide nitreux lorfqu'il eft rouge.

Comme l'on ne fait pas une grande confommation de cet acide dans les atteliers de teinture, & comme on fe trouve fouvent éloigné des manufactures où on le prépare en grand, il peut fouvent être utile & économique de le préparer foi-même. C'eft le motif qui a engagé à décrire ici le procédé par lequel on le retire du nitre par le moyen de l'acide fulfurique.

On pulvérife du nitre pur, qu'on appellé nitre de la troifieme cuite, parcequ'il eft le réfultat d'une troifieme cryftallifation ; on le met dans une cornue avec moitié de fon poids d'acide fulfurique concentré, de maniere qu'environ la moitié de la capacité de la cornue refte vide, afin que la matiere, en fe bourfouflant, ne paffe pas dans le récipient ; on adapte au col de la cornue un tube recourbé, dont l'orifice foit affez grand pour l'embraffer & le recevoir ; on introduit l'ex-trémité de ce tube, qui doit avoir un diametre beaucoup plus petit, à travers un bouchon de liege dans un récipient à doubles goulots ; a l'autre ouverture de ce récipient on adapte également un tube qui va plonger dans un peu d'eau qu'on a mise dans un second matras. La communication de la cornue avec le premier tube & les ouvertures du premier récipient doivent être enduites & recouvertes avec foin de lut gras, composé d'argille blanche réduite en poudre & de l'huile de lin cuite avec un peu de litharge : ce lut doit être battu long-temps dans un mortier pour être rendu liant & ductile ; on le recouvre encore de bandes de linges imbibés de blanc d'œuf, & faupoudrés de chaux réduite en poudre. Il eft avantageux d'avoir une cornue tubulée & de préparer tout l'appareil avant que d'y introduire l'acide fulfurique par la tubulure.

Le fecond matras doit conferver une communication libre avec l'air, pour que les vapeurs qui n'ont pu fe condenfer dans l'eau puiffent s'échapper. La quantité d'eau qu'on met dans le fecond vafe eft relative aux quantités fur lefquelles on opere. On ménage beaucoup le feu dans le commencement, & on l'augmente graduellement jufqu'à la fin de l'opération. L'acide qu'on obtient dans le premier récipient eft très concentré ; celui qui eft dans le fecond eft affoibli par l'eau qu'on y a mise pour concentrer les vapeurs acides ; la couleur de ce dernier est verte ou bleue : ces couleurs sont dues au gaz nitreux, & leur différence dépend de la proportion d'eau, de sorte que si on ajoute un peu d'eau à celui qui est verd, il devient bleu ; si l'on chasse le gaz par la chaleur, la liqueur reste blanche. L'acide du second matras est toujours pur ; mais celui du premier contient quelquefois un peu d'acide sulfurique, ce qui vient de ce qu'on n'a pas assez ménagé la chaleur dans le commencement de l'opération ; car j'ai éprouvé plusieurs fois qu'en la ménageant avec soin, l'on obtenoit un acide parfaitement pur.

Il est important d'éprouver l'acide nitrique du commerce , parcequ'il s'y trouve souvent une quantité considérable d'acide sulfurique , soit qu'il ait passé dans une distillation faite avec négligence , soit qu'on l'ait ajouté à l'acide nitrique pour en augmenter la pesanteur spécifique. Pour l'éprouver, il faut en mêler une partie avec de l'eau distillée , & y verser un peu de dissolution de baryte ou terre pesante par l'acide nitrique. Si l'acide qu'on éprouve contient de l'acide sulfurique, il se fait un précipité, parceque l'acide sulfurique enleve la baryte à l'acide nitrique, & forme avec cette substance un sel insoluble. L'acide nitrique peut encore contenir de l'acide muriatique provenant du fel marin qui pouvoit fe trouver dans le nitre dont on a fait ufage. Ce mélange ne peut être nuifible pour les opérations de teinture ; fi cependant l'on defiroit le reconnoître, il faudroit également mêler l'acide avec l'eau diftillée , puis y verfer de la diffolution d'argent par l'acide nitrique; s'il s'y trouvoit de l'acide nitrique , il fe formeroit un précipité.

Pour priver l'acide nitrique de l'acide fulfurique, il faut le rediftiller fur un peu de nitre , ou bien y ajouter de la diffolution de plomb , & après cela le diftiller ; par ce dernier moyen on le prive auffi de l'acide muriatique.

L'acide nitrique peut fervir à plufieurs diffolutions métalliques, dont l'ufage , comme mordant, peut être varié; mais fon principal ufage eft pour l'eau régale ou acide nitro-muriatique , dont on traitera dans un article particulier.

Il eft effentiel pour l'intelligence d'un grand nombre de phénomènes, de fe faire une idée jufte de la nature de l'acide nitrique , & de l'action qu'il exerce fur les autres fubftances.

L'acide nitrique eft compofé de deux fubftances , qui, lorfqu'elles font ifolées, prennent l'état élaftique, aériforme ou gazeux : ce font ces deux gaz qui conftituent notre atmofphère ; l'un eft incapable d'entretenir la vie & la lumiere ; c'eft le gaz azote ou *air phlogiftiqué* ; l'autre feul fert à la combuftion , eft la principale fource de la lumiere qui s'en dégage, & entretient éminemment la vie des animaux qui refpirent, d'où vient qu'on l'a appellé *air vital;* on l'appelle auffi *gaz oxygéné*, parcequ'en fe fixant dans plufieurs fubftances, il leur donne des propriétés acides.

L'azote & l'oxygène qui ont perdu l'élafticité & qui fe font combinés dans des circonftances favorables, par une force d'affinité qui tend à les réunir, forment donc l'acide nitrique; mais ces deux fubftances peuvent fe combiner en différentes proportions, & de ces proportions dépendent les différents états dans lefquels l'on obferve l'acide.

L'azote , complètement faturé d'oxygène , forme l'acide nitrique qui eft fans couleur; alors l'azote ne forme à-peu-près que la cinquieme partie du poids de l'oxygène : fi la proportion de l'azote eft beaucoup plus grande & qu'elle fe trouve à-peu-près la même que celle de l'oxygène , c'eft du gaz nitreux , qui, par lui-même , eft dans l'état élaftique , mais qui peut fe diffoudre abondamment dans l'acide nitrique : c'eft ce gaz qui, par fa diffolution , donne à l'acide nitrique une couleur qui paffe du jaune pâle jufqu'au rouge foncé,

foncé, & qui se change en verd & en bleu par le mélange de l'eau : c'est ce gaz qui, tendant à s'échapper & à se combiner avec l'oxygène de l'atmosphère, produit les vapeurs rouges de l'acide nitreux.

L'acide nitrique se combine quelquefois sans éprouver de décomposition, c'est ainsi qu'il s'unit avec les alkalis & avec quelques terres ; quelquefois il est décomposé, parceque l'oxygène lui est enlevé par une autre substance ; c'est ce qui arrive dans les dissolutions métalliques : si le métal agit fortement sur l'oxygène, & qu'il le prenne en entier, l'azote seul se dégage en gaz ; mais ordinairement il n'enlève qu'une partie de l'oxygène, & l'autre partie forme alors la combinaison qui s'échappe en gaz nitreux : de là vient l'effervescence que l'acide nitreux produit avec les métaux.

De même, l'acide nitrique peut agir simplement comme acide sur les substances colorantes sans éprouver d'abord de décomposition ; mais une partie de l'oxygène lui est enlevée plus ou moins promptement par ces substances qui éprouvent alors des changements analogues à ceux qu'elles éprouveroient en se combinant avec l'oxygène de l'atmosphère, & qui sont le résultat d'une véritable combustion.

Tome I.   P

L'on doit se mettre en garde contre les préjugés que l'on a eus sur les vapeurs qui se dégagent des dissolutions des métaux par l'acide nitrique, & sur la force que l'on attribue à cet acide lorsqu'il est devenu fumant; propriété qu'il est facile de lui donner par une petite quantité de fer ou de quelque autre substance qui donne naissance au gaz nitreux : il faut à la vérité qu'il ait un certain degré de concentration pour être fumant; mais il peut être très concentré & n'avoir point de couleur.

Le nitre ou nitrate de potasse est, comme sa dénomination l'indique, une combinaison de l'acide nitrique avec la potasse. Ce sel se retire des plâtras & des mélanges artificiels où il s'est formé par le concours de l'air atmosphérique. Il a peu d'action sur les parties colorantes; cependant en général il leur donne une couleur un peu plus claire & un peu plus vive.

Le nitrate de chaux & celui de magnésie font partie des sels à base terreuse qui se trouvent dans plusieurs eaux, & comme eux ils tendent à donner une nuance plus foncée à plusieurs couleurs.

A R T. I I I.

De l'acide muriatique ou marin.

Cet acide eſt ordinairement connu ſous le nom d'acide marin ou d'eſprit de ſel : il a une odeur particulière qui tient de celle du ſafran ; lorſqu'il eſt concentré, il donne à l'air des vapeurs blanches qui ſont produites par la combinaiſon de cet acide avec l'eau qui ſe trouve dans l'atmoſphère. C'eſt au point où il eſt ſaturé de toute l'eau avec laquelle il tend à ſe combiner qu'il ceſſe de donner ces vapeurs ; il a ordinairement une couleur jaune, mais cette couleur lui vient d'un peu de fer ; car lorſqu'il eſt bien pur, il eſt blanc comme de l'eau.

On retire en grand cet acide du ſel marin qu'on diſtille avec de l'argille ; mais par ce procédé il eſt toujours foible : on le retire auſſi du ſel marin par le moyen de l'acide ſulfurique : comme il conſerve en France un prix tellement diſproportionné, qu'une grande partie de celui qui ſe vend à Paris, & qui s'envoie même à Lyon, vient d'Angleterre, & comme on ſe trouve ſouvent éloigné des endroits où il ſe prépare, l'on va décrire le procédé par lequel on peut ſe le procurer avec avantage.

Ce procédé a beaucoup de rapport avec celui qui a été décrit pour l'acide nitrique ; on se contentera d'en indiquer les différences.

La cornue dont on se sert doit être tubulée ; on y introduit le sel & ensuite moitié de son poids d'acide sulfurique ; il faut boucher promptement la tubulure ; le reste de l'appareil doit avoir été préparé auparavant. Il consiste en deux flacons dans lesquels on distribue un poids d'eau égal à celui du sel employé ; mais comme la vapeur qui se dégage est très miscible à l'eau, il se forme facilement un vide qui fait repasser la liqueur d'un flacon dans l'autre & du premier dans la cornue. Pour éviter ces résorptions, il faut que le premier flacon soit muni d'un tube de sûreté imaginé par M. Welter ; c'est un tube de verre de deux ou trois lignes de diametre, dont une extrémité plonge à la surface de l'eau qu'on a mise dans les flacons, & dont l'autre communique avec l'atmosphère. On introduit ce tube par une tubulure particuliere, ou encore mieux par l'un des bouchons qui donnent passage à un tube de communication. S'il se forme un vide, l'air atmosphérique rentre dans le flacon ; mais pendant que la vapeur en se dégageant presse sur la liqueur, celle-ci s'éleve dans le tube jusqu'à ce que sa colonne contre-balance la pression de la vapeur (1). On doit lutter avec beaucoup de foin, parceque les vapeurs de l'acide muriatique font très pénétrantes, & que lorfquelles fe font fait un paffage à travers le lut, il eft très difficile de le réparer. Si cependant cet accident arrive, le meilleur moyen pour y remédier eft de frotter l'iffue avec de l'alkali pour faturer l'acide, & d'y appliquer incontinent du lut. Il faut attendre que l'effervefcence qui fe produit par l'affufion de l'acide fulfurique foit calmée avant de mettre du feu fous la cornue qui doit être placée fur un bain de fable, & beaucoup ménager le feu, fur-tout dans le commencement de l'opération.

L'acide que l'on trouve dans le premier flacon eft très concentré & fumant; mais il peut contenir de l'acide fulfurique, ce qu'on reconnoît en l'étendant d'eau diftillée & en y verfant un peu de diffolution de baryte qui produit un précipité. Si on le veut rectifier, il faut le diftiller avec peu de fel marin.

L'acide du fecond flacon eft beaucoup moins concentré; s'il eft trop foible pour les ufages auxquels on le deftine, on peut le mettre à la place d'eau dans une feconde opération; mais il a l'avantage d'être pur.

____

(1) Ann. de Chym., T. II.

On peut fe fervir de l'acide muriatique pour faire différentes diffolutions métalliques qui peuvent être employées comme mordants ; ainfi la diffolution d'étain ou le muriate d'étain peut être utile dans plufieurs occafions. Pour préparer ce fel, il faut diffoudre, par le moyen de la chaleur, l'étain dans l'acide muriatique concentré, & faire évaporer la liqueur jufqu'à ce qu'on ait retiré fucceffivement tout le fel qui cryftallife. M. Baumé rapporte qu'il a préparé ce fel en grand pour les toiles peintes. Je ne crois pas qu'à préfent il foit employé à cet ufage.

Le muriate de chaux & celui de magnéfie agiffent fur les parties colorantes comme les autres fels à bafe terreufe.

Le muriate de foude ou fel marin qu'on retire des eaux de la mer & des autres eaux falées, a une action très marquée fur les parties colorantes ; en général il tend à foncer leur nuance & à leur donner plus de folidité.

Le fel gemme eft un muriate de foude que l'on extrait des mines qui fe trouvent dans le fein de la terre.

Le muriate d'ammoniaque ou fel ammoniac eft compofé d'acide muriatique & d'ammoniaque ou alkali volatil. Une grande partie de ce fel eft apportée d'Egypte, où on le prépare; on en fabrique auſſi à préſent dans pluſieurs endroits de l'Europe. Celui qui vient d'Egypte eſt plus opaque que celui qu'on fabrique en Europe, & il eſt ſali par des fuliginoſités, de ſorte qu'il eſt moins pur & par conſéquent moins propre à ſervir aux uſages de la teinture ; cependant un préjugé le fait préfé-rer par pluſieurs artiſtes. Le ſel ammoniac ſe diſ-ſout facilement dans l'eau & il cryſtalliſe par éva-poration en priſmes quadrangulaires, terminés par des pyramides également quadrangulaires. Ces cryſtaux ont une flexibilité par laquelle ils ſe prêtent à tous les mouvements ſans ſe briſer. Le ſel ammoniac rend en général les couleurs plus foncées & plus ſaturées.

Le muriate mercuriel ou ſublimé corroſif eſt la combinaiſon de l'acide muriatique avec le mer-cure chargé de beaucoup d'oxygène. Cette prépa-ration ſe fait par différents procédés qui revien-nent tous à combiner le mercure avec l'oxygène, & à l'unir dans cet état avec l'acide muriatique. Ce ſel agit ſur pluſieurs couleurs en les rendant plus foncées, plus ternes & plus ſolides.

L'on peut regarder comme une propriété géné-rale des ſels muriatiques de rendre les couleurs plus foncées, & d'augmenter leur ſolidité.

P 4

A R T. I V.

De l'acide muriatique oxygéné.

L'acide muriatique prend des propiétés toutes nouvelles en se combinant avec l'oxygène. Sa saveur est austere au lieu d'être acide; son odeur est très pénétrante; il perd difficilement l'état gazeux & il ne se combine qu'avec peine avec l'eau : lorsque l'eau en est saturée à une température froide, il prend l'état solide; il a une action vive sur les couleurs, mais différente de celle des acides; il finit par les détruire plus ou moins promptement.

L'on peut se convaincre facilement que ces propriétés nouvelles dépendent de l'oxygène ou base de l'air vital, en exposant un flacon rempli de cette liqueur à la lumiere du soleil avec un tube recourbé qui plonge sous une cloche remplie d'eau; car l'on voit des petites bulles qui partent de tous les points de la liqueur & qui viennent se rassembler dans la cloche. Si l'on examine ce gaz, on trouve que c'est de l'air pur, de l'air vital, ou gaz oxygène, & la liqueur qui reste dans le flacon se trouve de l'acide muriatique ordinaire.

J'ai décrit (1) le procédé par lequel on prépare en grand l'acide muriatique oxygéné pour l'employer au blanchiment des fils & des toiles, ainsi que les opérations par lesquelles on exécute le blanchiment; mais il y a quelques occasions où il peut être utile en teinture, & l'on peut prévoir que l'on étendra l'application de cet agent puissant. Je vais donc décrire le procédé par lequel on peut l'obtenir lorsqu'on n'a pas besoin de s'en procurer une grande quantité, & qu'on veut se passer de l'appareil qui sert pour l'obtenir en grand, & dont on trouve la description dans les Annales de Chymie.

On adapte à un flacon qui a trois tubulures une cornue dont le col doit être recourbé, ou doit être joint à un tube recourbé; à l'une des tubulures on place le tube de sûreté dont j'ai déja parlé, & on le fait plonger dans un peu d'eau : à la suite de ce premier flacon, qui doit être petit, on en place trois autres qui se succedent & qui communiquent par des tubes : chaque tube de communication doit avoir un orifice à la partie supérieure du flacon qui précede, & un autre orifice qui plonge jusqu'à-peu-près le milieu du flacon suivant : les trois derniers flacons doivent être

---

(1) Ann. de Chym., T. II.

preſque remplis d'eau , & avoir chacun un tube de ſûreté, excepté le dernier qui conſerve une communication libre avec l'air. La cornue doit être tubulée ; mais au lieu d'une cornue tubulée , on peut employer un matras que l'on fait communiquer par un tube avec le premier flacon. Tous les tubes doivent communiquer dans l'intérieur des vaiſſeaux par des bouchons de liege qui joignent bien , & qui doivent être recouverts avec beaucoup de ſoin par du lut gras ou par un lut plus commode , qui eſt compoſé de parties égales de farine de graine de lin & de pâte d'amende auxquelles on donne une conſiſtance convenable avec la colle d'amidon. L'on s'apperçoit ſi le gaz s'eſt fait une iſſue en préſentant l'orifice d'un flacon rempli d'ammoniaque aux différentes parties qu'on a lutées ; car pour peu qu'il s'échappe des vapeurs , il ſe forme un nuage blanc.

Quand l'appareil eſt préparé , on introduit dans la cornue par ſa tubulure ou dans le matras cinq onces de ſel marin , une once & demie d'oxide de manganeſe qu'on a pulvériſé & bien mêlé avec le ſel ; enſuite on verſe par-deſſus ce mélange quatre onces d'acide ſulfurique concentré qu'on a mêlé auparavant avec volume égal d'eau. Pour cette quantité d'ingrédients , les trois flacons doivent contenir de douze à ſeize pintes d'eau.

L'on commence par mettre très peu de feu sous le vaisseau diftillatoire & on l'augmente peu à peu : fur la fin la liqueur doit bouillir. L'on reconnoît que l'opération approche de fa fin par la chaleur qui fe communique jufqu'au premier matras qui eft deftiné à retirer l'acide muriatique qui ne s'eft pas oxygéné.

La liqueur qui eft dans le premier des grands flacons eft d'un jaune verdâtre, elle eft beaucoup plus forte que celle du fecond flacon, & celle du troifieme eft très foible. Du mélange de ces trois liqueurs il en réfulte une qui a la force fuffifante pour le plus grand nombre des opérations ; il faut la conferver dans un flacon bien bouché & qui ne foit pas expofé aux rayons du foleil.

L'appareil que je viens de décrire, de même que celui que j'ai donné pour les opérations en grand, peut être exécuté de différentes manieres : ce n'eft qu'un mode ; le principe eft qu'il faut faciliter la combinaifon du gaz qui fe dégage avec l'eau par l'étendue des furfaces, par la preffion, & même par l'agitation.

L'acide muriatique oxygéné peut fervir à éprouver la folidité des couleurs & à comparer la folidité des fubftances colorantes d'une même efpece, ainfi qu'on l'a expliqué ci-devant. On en fait ufage pour blanchir le fond de quelques toiles peintes ; il peut fervir à détruire les couleurs des pieces qui ont éprouvé quelque accident dans la teinture, ou qui ont été dégradées par la vétufté, pour qu'on puiffe leur donner une nouvelle teinture ; mais il laiffe à la laine & à la foie une couleur jaune. Pour les toiles, elles reftent bien blanches, à moins que le fer ne foit entré dans le mordant qui a été employé pour les teindre : dans ce cas, il faut les paffer dans l'eau acidulée par l'acide fulfurique. Si les parties colorantes n'ont pas complètement difparu, une légere leffive les diffout.

Quelques perfonnes font ufage de l'acide muriatique oxygéné pour avoir plufieurs couleurs & les rendre plus claires. Je ne connois pas exactement la méthode qu'elles emploient ; je fais feulement qu'il eft fouvent utile d'employer dans ce cas l'acide muriatique oxygéné uni avec la potaffe. Pour obtenir cette efpece de combinaifon, il faut diffoudre de 4 à 5 onces de potaffe ordinaire dans une livre d'eau, & mettre feul le flacon qui contient cette diffolution à la fuite du petit matras qui eft deftiné à recevoir l'acide qui ne s'eft pas oxygéné, parceque l'alkali rend facile la combinaifon du gaz.

ART. V.

De l'eau régale ou acide nitro-muriatique.

On a donné à cet acide composé le nom d'eau régale, parcequ'il a la propriété de diffoudre l'or qu'on a appellé le *roi des métaux ;* mais, à confidérer fa nature, on doit le regarder comme un mélange d'acide muriatique & d'acide nitrique qui combinent leurs forces pour opérer des diffolutions qu'ils ne pourroient faire féparément. J'ai expliqué dans un mémoire (1) le jeu de leur action.

On peut préparer l'acide nitro-muriatique, ou en mêlant fimplement l'acide nitrique & l'acide muriatique, ou en faifant diffoudre du muriate ammoniacal ou du muriate de foude dans l'acide nitrique. On pourroit fe fervir d'autres fels, par exemple du nitre ou nitrate de potaffe qu'on feroit diffoudre dans l'acide muriatique, & employer plufieurs autres procédés qu'il eft inutile d'indiquer.

C'eft fur-tout relativement à la diffolution de l'étain qu'on va examiner l'acide nitro-muriatique, parceque c'eft le principal ufage qu'on en fait dans la teinture.

____

(1) Mém. de l'acad. 1785.

Les teinturiers ne préparent pas d'une maniere uniforme la diſſolution d'étain, à laquelle ils donnent le nom de compoſition ; chacun a ſa recette : cependant cette diſſolution produit des effets bien différents ſelon la maniere dont elle eſt préparée : il eſt ſur-tout important qu'un même artiſte la prépare toujours de la même maniere pour qu'il puiſſe obtenir des effets conſtants & ſe guider par les obſervations qu'il a faites dans les opérations précédentes.

Pluſieurs teinturiers ſe ſervent ſimplement de l'eau-forte qui eſt dans le commerce : cette eau-forte eſt une eſpece d'acide nitro-muriatique, parcequ'on s'eſt ſervi pour ſa préparation de nitre impur qui ſe trouve mêlé à une quantité plus ou moins grande de ſel marin ; mais cette quantité varie, & la concentration de l'eau-forte eſt auſſi ſujette à beaucoup de variations, de ſorte que cet acide ne peut produire que des effets inconſtants.

L'acide nitrique pur attaque l'étain avec violence & le réduit en oxide ou en chaux ; il en reſte fort peu en diſſolution, de maniere que ſi l'eau-forte ſe trouvoit pure, elle ne formeroit pas une diſſolution dont on pût faire uſage. Cependant M. Vogler (1) prétend que l'acide nitrique

____

(1) Crel chemiſch. Ann. 1785.

eft le meilleur diffolvant de l'étain : en fuppofant
qu'il ait employé l'acide nitrique pur , je cherche-
rois à expliquer cette opinion qui eft contraire à
l'expérience de tous les chymiftes, par la maniere
dont il a employé l'étain : il le réduifoit en lames,
& par l'efpece d'écrouiffage qu'il lui donnoit, il le
défendoit , pour ainfi dire , contre l'action trop
vive de l'acide nitrique , & il le rendoit peu foluble dans l'acide nitro-muriatique ; car , felon lui ,
ce dernier acide le diffout à peine , & tous les
chymiftes ont éprouvé le contraire. M. Vogler a
remarqué que fa diffolution nitrique fe réduifoit
facilement en gelée ; ce qui eft un grand inconvénient ; car cette gelée fe précipite , pour la plus
grande partie , dans l'eau au lieu de s'y diffoudre.
Il prévenoit la formation de cette gelée , en mêlant à la diffolution nitrique depuis un dixieme
jufqu'à un quinzieme de muriate de foude ou de
muriate ammoniacal diffous dans l'eau ; mais autant vaut fe fervir tout de fuite d'acide nitro-muriatique, qui diffout facilement l'étain, & qui n'eft
pas fujet aux inconvénients que l'on éprouve lorfqu'on veut faire la diffolution avec l'acide nitrique feul.

Hellot prenoit huit onces d'acide nitrique qu'il
mêloit avec quantité égale d'eau filtrée ; il y diffolvoit peu à peu une demi-once de fel ammoniac

bien blanc & deux gros de nitre pur, & enfin une demi-once d'étain grenaillé. Scheffer diffolvoit une partie d'étain dans quatre parties d'acide nitro-muriatique (1). Macquer diffolvoit trois parties d'étain dans huit parties d'acide nitrique auquel il mêloit une partie de fel ammoniac & fix parties d'eau. M. Pœrner met fur une livre d'acide nitrique, qu'il mêle avec une livre d'eau, une once & demie de fel ammoniac, & il diffout deux onces d'étain dans cette liqueur. M. Guhliche mêle une livre d'acide nitreux fumant avec une livre d'eau & deux onces de fel ammoniac, & il fature cette liqueur de tout l'étain qu'elle peut diffoudre en l'ajoutant par parties (2). Cette proportion d'étain eft beaucoup plus confidérable que celles qui viennent d'être défignées.

L'on voit que ces diffolutions que je n'emprunte que de ceux qui ont écrit fur l'art des teintures doivent avoir des propriétés très différentes ; dans toutes l'on manque un objet effentiel, qui eft une préparation conftamment uniforme. Il eft indifpenfable pour cela de fe fervir d'un acide nitrique pur, & d'en déterminer la

____

(1) Effai fur l'Art de la Teinture.

(2) Vollftandiges farbe und blaichbuch, &c.: vierter band.

pefanteur

pesanteur spécifique par le moyen du pese-liqueur. Après plusieurs essais qu'il seroit inutile de détailler, le procédé par lequel j'ai obtenu la dissolution qui m'a donné la plus belle couleur avec la cochenille sur la laine & sur la soie, & qui en même temps a pu se conserver le plus de temps sans qu'il s'y formât de précipité gélatineux, consiste à prendre de l'acide nitrique à 30 degrés, a y dissoudre le huitieme de son poids de muriate d'ammoniaque, à y ajouter par petites parties le huitieme de son poids d'étain, & à étendre ensuite cette dissolution du quart de son poids d'eau.

Il faut choisir un étain pur tel que l'étain de Malaca ou le bon étain d'Angleterre, parceque l'étain commun contient du cuivre & du plomb, & que ces deux métaux seroient nuisibles à la beauté des couleurs. Il se trouve du cuivre même dans l'étain fin d'Angleterre; mais l'étain commun contient quelquefois près de la moitié de son poids de plomb, & de plus, de l'antimoine & du bismuth (1). Il faut réduire l'étain en grenaille, en le fondant & le faisant couler dans de l'eau qu'on agite avec un faisceau de petites baguettes. Cette opération doit se faire avec précaution pour éviter les éclaboussures.

____

(1) Recherches sur l'étain ; par MM. Bayen & Charlard.

Il se forme ordinairement un petit dépôt noirâtre duquel il faut décanter la dissolution.

Les dissolutions qui contiennent une grande proportion d'étain, sont brunes & donnent des couleurs plus foncées & plus ternes ; cependant il peut se trouver des occasions où elles soient plus utiles ; l'on peut s'en procurer une qui est très chargée d'étain , & qui peut être avantageuse dans certains cas , en décomposant dans une cornue , à une chaleur assez forte , le muriate d'ammoniaque mêlé avec poids égal d'oxide d'étain : on dissout le résidu , on le filtre & on le fait évaporer jusqu'à crystallisation ; on obtient par là des crystaux d'un sel triple formé par l'acide muriatique , l'ammoniaque & l'oxide d'étain ; mais pour se servir de ce sel , il faut ajouter à sa dissolution un peu d'acide muriatique qui empêche la précipitation de l'oxide d'étain.

Ce n'est pas seulement par la proportion de l'étain que la dissolution de ce métal influe sur les couleurs : lorsqu'on a fait entrer dans la composition de l'eau régale , du sel ammoniaque , du nitre ou du sel marin , la liqueur qui surnage après la précipitation des parties colorantes , est moins acide que si l'on s'est servi du mélange simple d'acide nitrique & d'acide muriatique : cette liqueur agit donc moins sur l'étoffe & sur sa couleur dans le premier cas que dans le second. Il résulte de là que lorsqu'on veut faire usage d'une dissolution d'étain avec une substance dont la couleur est facilement affectée par les acides, tels que la garance ou le fernambouc, il faudroit choisir une dissolution d'étain qui conserveroit peu d'excès d'acide, ou ne s'en servir que pour la préparation de l'étoffe.

Il n'y a point dans l'art de la teinture de mordant qui produise des effets aussi avantageux que la dissolution d'étain : je rappellerai l'explication que j'ai donnée de ses propriétés dans la premiere section ; 1°. l'oxide d'étain a une grande disposition à abandonner son dissolvant pour se combiner, soit avec l'étoffe , soit avec les parties colorantes ; 2°. il donne aux couleurs une base blanche qui n'est pas sujette à changer d'état; 3°. il ne produit pas de combustion sensible dans les parties colorantes qui sont le plus disposées à changer de couleur par cette cause, telles que celle de sumac & de noix de galle.

La dissolution d'étain prend plus ou moins promptement la consistance d'une gelée. Lorsque cet accident arrive, les teinturiers disent que la composition a tourné ; c'est pour l'éviter qu'il convient de ne faire cette préparation que peu de temps avant d'en faire usage. Lorsque la gelée commence seulement à se former, on peut rétablir la dissolution, en y ajoutant de la dissolution de sel marin. Cet inconvénient provient de ce que l'étain continue de s'oxider par le moyen de l'oxygène qu'il attire de l'atmosphere ou qu'il reçoit de l'acide nitrique, & que par là il devient insoluble dans l'acide & se précipite : la chaleur favorise cet effet ; & de là vient que la dissolution d'étain se conserve moins long-temps en été qu'en hiver.

Une observation constante a appris que lorsque la dissolution d'étain se faisoit avec vivacité & qu'il s'en dégageoit beaucoup de vapeurs , la couleur qu'on obtenoit en l'employant étoit moins vive & moins agréable que lorsque la dissolution se faisoit lentement & avec effervescence. C'est que, dans le premier cas, l'étain prend plus d'oxygène , & que cette partie surabondante est plus disposée à l'abandonner & à causer une combustion dans les parties colorantes. C'est une raison de préférer les dissolutions récentes & faites avec précaution à celles qui sont anciennes , avec quel soin qu'elles aient été préparées.

L'on fait avec l'acide nitro-muriatique d'autres dissolutions qui peuvent être utiles en teinture. De la Folie a proposé celle de bismuth ; & quoiqu'il commence à diſſoudre le métal dans l'acide nitrique, c'eſt cependant une combinaiſon avec l'acide nitro-muriatique, qui ſe forme dans ce procédé, au moyen de ſel marin; la diſſolution par l'acide nitrique ſeul, ne pourroit pas ſervir, parcequ'auſſitôt qu'on la mêle avec l'eau, l'oxide métallique ſe précipite, & que par là il ſe ſépare avant d'avoir pu s'unir aux parties colorantes.

On diſſout, ſelon la deſcription que donne M. Dambournay de ce procédé, dont il a fait lui-même beaucoup d'uſage (1), une partie de biſmuth dans quatre parties d'acide nitrique; on jette enſuite cette diſſolution dans le bain qui contient du tartre, & l'on y verſe en même temps une diſſolution de ſel marin.

J'ai éprouvé que, ſoit que l'on fît la diſſolution de biſmuth immédiatement avec l'eau régale, ſoit que l'on mêlât la diſſolution par l'acide nitrique avec une diſſolution de ſel marin & de tartre, il ſe formoit toujours un précipité conſidérable par le mélange de l'eau, quoique moins abondant que lorſqu'on mêloit avec l'eau la ſimple diſſolu-tion par l'acide nitrique. J'ai remarqué de plus que les précipités que cette diſſolution opéroit

____

(1) Recueil de procédés & d'expériences ſur les teintures ſolides.

avec les décoctions de subftances colorantes, avoient une couleur inégale, & qu'ils fe rembruniffoient promptement.

ART. VI.

Du tartre & de quelques autres acides.

Le tartre eft un fel qui fe dépofe fur les parois des tonneaux dont on le détache : il eft naturellement mêlé à des impuretés qui fe font dépofées en même temps ; & lorfqu'il s'eft féparé du vin rouge, il retient beaucoup des parties colorantes du vin, d'où vient qu'on diftingue celui-là fous le nom de tartre rouge.

On purifie le tartre par des procédés différents à Montpellier & à Venife. A Montpellier, on diffout le tartre dans l'eau, & on le fait cryftallifer par refroidiffement : on fait bouillir les cryftaux dans une autre chaudiere, & on y ajoute par quintal cinq à fix livres de terre argilleufe & blanche de Murviel : on fait bouillir cette terre, & on obtient par évaporation le tartre purifié, *la crême de tartre, le tartre acidule de potaffe.* Ce dernier nom indique la nature de ce fel, qui eft un acide particulier combiné avec la potaffe, mais avec un excès d'acide. On peut féparer tout l'acide de l'alkali par le moyen de la chaux, qui a plus d'affinité avec lui que l'alkali, & qui forme un fel presque insoluble : l'alkali reste dans la liqueur, si au lieu de chaux, on se sert de carbonate de chaux ; on ne peut ôter au tartre acidule que l'excès d'acide, & alors l'on obtient par crystallisation, un sel véritablement neutre, *le tartrite de potasse, le sel végétal.*

Le procédé dont on fait usage à Venise consiste, selon la description qu'en a donnée M. Desmarets (1), 1°. à dessécher le tartre dans des chaudieres de fer ; 2°. à le piler & à le dissoudre dans l'eau chaude : par le refroidissement, on obtient des crystaux plus purs ; 3°. à redissoudre ces crystaux & à clarifier la dissolution par les blancs d'œufs & la cendre.

Dans ce dernier procédé, l'alkali de la cendre doit décomposer une partie du tartre acidule ; la terre calcaire doit aussi opérer une décomposition ; & sur la fin de l'évaporation, l'on doit trouver du tartrite de potasse ou sel végétal.

Le tartrite acidule de potasse ou crême de tartre retient toujours un peu de tartrite calcaire.

Il ne se dissout que quatre grains de ce sel dans une once d'eau au dixieme degré du thermometre

____

(1) Journ. de Phys. 1771.

de Reaumur ; mais il s’en diffout beaucoup plus dans l’eau bouillante.

L’on fait un grand ufage en teinture du tartre acidule de potaffe, que je défignerai ordinairement dans ce traité, fous le fimple nom de tartre. Il eft indifpenfable pour les couleurs délicates d’employer celui qui eft purifié, & fon ufage eft préférable dans tous les cas. Dans quelques procédés on recommande le tartre rouge, comme propre à contribuer par fa couleur à celle qu’on veut obtenir, mais les parties rouges fe féparent du tartre, lorfqu’on diffout ce fel, & on ne doit les regarder que comme des impuretés nuifibles.

Il y a un autre fel qui a de l’analogie avec le tartre, & qui peut-être produiroit de bons effets dans plufieurs occafions ; c’eft *l’oxalate acidule de potaffe* ou fel d’ofeille, qu’on extrait en Suiffe & dans quelques parties de l’Allemagne du fuc d’ofeille. Schéele a fait voir que l’acide de ce fel eft le même que celui qu’on obtient du fucre & de plufieurs fubftances animales & végétales, en les traitant avec l’acide nitrique ; mais il fe trouve combiné en excès avec un alkali.

L’acide oxalique pur forme un fel infoluble avec la terre calcaire, avec laquelle il a plus d’affinité qu’aucun autre acide ; ce qui le rend très propre à découvrir la préfence de la terre calcaire dans les liqueurs, & particulièrement dans les eaux : l'oxalate acidule de potasse peut aussi être employé à cet usage ; mais ce qui peut sur-tout rendre ce sel utile, c'est la propriété qu'il a de dissoudre facilement les oxides de fer, & de détruire les taches qu'il produit.

Le vinaigre ou l'acide acéteux est trop connu pour qu'il soit besoin d'en faire mention. La plupart des substances végétales produisent une liqueur foiblement acide lorsqu'elles sont abandonnées à la fermentation & étendues d'une suffisante quantité d'eau ; mais comme il peut être important dans plusieurs occasions de se procurer facilement & à bas prix une liqueur acide d'une certaine force, je vais rappeller une expérience décrite par l'illustre M. de Morveau sur l'acide qu'on retire des bois par la distillation (1), & que l'on désigne sous le nom de pyroligneux. Il suffit de distiller dans une cornue de fer au fourneau de réverbere des petits morceaux de bois de hêtre bien sec & de rectifier ensuite le produit par une seconde distillation, ou du moins de changer de récipient, dès que la partie huileuse commence à monter, ce que l'on apperçoit facilement à la

____

(1) Encyclop. méthod., T. I, au mot *acide lignique.*

couleur plus foncée qu'elle donne à l'acide : cinquante-cinq onces de copeaux de hêtre bien fec ont donné dix-fept onces d'acide rectifié.

CHAPITRE II.

De l'alun ou fulfate d'alumine.

L'ALUN eft d'un ufage fi étendu dans les arts, & particulièrement dans la teinture, dont la plupart des phénomènes fe trouvent liés avec fes propriétés, qu'il eft un objet très intéreffant pour le commerce. Sa fabrication mérite donc de fixer l'attention ; & j'ai cru qu'il ne feroit pas inutile d'en parler avec quelques détails.

L'alun eft un fel compofé d'acide fulfurique ou vitriolique, & d'argille pure, que l'on défigne par le nom d'alumine, de la propriété qu'elle a de fervir de bafe à ce fel. Cent parties d'alun en contiennent, fuivant M. Kirwan, environ vingt-quatre d'acide, dix-huit de terre & cinquante-huit d'eau, que l'on peut chaffer par la chaleur fans décompofer la combinaifon faline.

On trouve ce fel dans quelques fources d'eaux

minérales : il effleurit à la furface des fchiftes, dans les mines de charbon, ou fur les laves au voifinage des volcans & fur plufieurs rochers ; mais la plus grande partie de l'alun qu'on emploie fe retire des mines, ou bien fe fabrique par la combinaifon artificielle de l'alumine & de l'acide fulfurique.

Il eft parlé de l'alun dans les ouvrages des anciens, & celui de Melos étoit particulièrement renommé chez les Grecs (1) ; mais le favant Bergman (2) croit que l'alun des anciens étoit une fubftance qui fe trouvoit naturellement, & qui différoit beaucoup du fel auquel nous donnons ce nom ; que les efpeces d'alun dont parle Diofcoride, font plutôt des ftalactites qui pouvoient contenir de l'alun, mais feulement en petite quantité, & confondu avec d'autres fubftances vitrioliques. L'on ne peut rien conclure de la defcription de Pline, qu'il ne fait que fur des repports inexacts.

C'eft dans l'orient que l'alunfa ctice a commencé à être connu. On ne fait précifément à

---

(1) Voyage du jeune Anacharfis, T. IV.

(2) Bergman de Confect. Alum. opufc., vol. 1.º. Cette differtation eft de 1767. M. Beckmann établit la même opinion dans le Mém. de Gottingue. 1778.

quel endroit ni à quelle époque il a premièrement été fabriqué. L'une des plus anciennes fabriques a été celle de Roche, ville de Syrie qu'on appelle aujourd'hui Edesse ; de là vient le nom d'alun de Roche que, par une confusion de mots, l'on donne encore aux masses cryftallifées d'alun. Cet art fut porté dans le quinzieme siecle en Italie, & de là il s'eft répandu en Allemagne & dans le refte de l'Europe.

On trouve à la Solfatare, près de Naples, une mine alumineufe fous la forme d'une terre blanche. L'alun eft formé dans cette mine par l'action qu'exerce fur les laves argilleufes l'acide fulfureux qui eft dégagé par la chaleur du volcan. Il ne faut que le diffoudre & le faire cryftallifer.

La plus pure des mines d'alun eft celle de la Tolfa, près de Civita-Vecchia : elle eft compofée, felon M. Monnet, qui le premier en a fait l'analyfe, de quarante parties de foufre, de cinquante parties de glaife, c'eft-à-dire d'un mélange d'argille & de terre filicée, & outre cela d'une petite quantité de carbonate de potaffe & d'une très petite portion de fer. Bergman en a auffi fait une analyfe qui donne à-peu-près les mêmes proportions.

Les autres mines dont on retire l'alun font des fchiftes plus ou moins pyriteux & plus ou moins bitumineux. Ceux qui sont trop pyriteux doivent être rejetés, parcequ'ils donnent un alun qui contient beaucoup de sulfate ou vitriol de fer, dont il seroit difficile de le débarrasser.

Les opérations par lesquelles on retire l'alun de ces mines lorsqu'il ne s'y trouve pas tout formé comme à la Solfatare, ont pour objet l'alunation, l'extraction de l'alun & sa cryftallisation.

Ces mines, exposées à l'air & à la pluie, peuvent s'alumer, pour la plupart, sans être préparées; mais celles qui contiennent ou trop de bitume ou trop de soufre, ont besoin d'être torréfiées avant que d'être exposées à l'action de l'air & de l'humidité, & la torréfaction accélere dans toutes la formation de l'alun.

L'alunation consiste dans la combinaison de l'oxygène qui, s'unissant au soufre, le change en acide sulfurique, ainsi que l'a fait voir M. Lavoisier; mais ordinairement c'est du sulfate de fer qui se forme; & le fer s'oxidant par excès en restant exposé à l'air, est décomposé par l'alumine. Il n'y a que la mine de la Tolfa parmi celles que l'on connoît, où l'acide paroisse se combiner immédiatement avec l'alumine.

Lorsque l'alun est formé, il faut faire la lixivation de la mine, & ensuite faire évaporer la liqueur jusqu'à ce qu'elle soit en état de donner

des cryftaux : on lave les premiers cryftaux , on les
rediffout dans une très petite quantité d'eau bouillante , & l'on verfe cette diffolution dans des efpeces de tonneaux dont on délie enfuite les dou-
ves pour en extraire la maffe d'alun qui s'y eft
formée.

Le réfidu des cryftallifations mêlé avec plus
ou moins de la diffolution de la mine eft mis à
évaporer jufqu'à ce qu'il foit en état de cryftallifer , & l'on procede ainfi de fuite en ajoutant les
réfidus des cryftallifations précédentes aux diffolutions de la mine.

Il y a ici deux circonftances effentielles à obferver ; la premiere c'eft que la diffolution qu'on obtient de la mine d'alun contient un excès d'acide
fulfurique , felon l'obfervation de Bergman ; la
feconde , c'eft qu'il s'y trouve toujours du fulfate
de fer en plus ou moins grande quantité, que ce
fel métallique refte principalement dans le réfidu
des cryftallifations ; car , felon l'obfervation de
M. Monnet , il ne peut former avec l'alun des
cryftaux mixtes.

L'excès d'acide fulfurique s'oppofe à la cryftallifation de l'alun , de forte qu'il faut l'abforber fi
l'on ne veut perdre une quantité confidérable de
ce fel ; c'eft dans cette vue qu'on ajoute à la liqueur de la potaffe ou de l'urine putréfiée qui

contient de l'ammoniaque. Ce dernier moyen doit
être rejeté, parceque, selon Bergman, l'alun
qui en provient altère les couleurs. Ce savant
chymiste a proposé de saturer l'excès d'acide avec
de l'argille qui, non seulement absorbe l'excès
d'acide, mais augmente par là même la quantité
d'alun. M. Chaptal prétend que ce moyen ne remplit point son objet, que l'alun lui-même dissout
un excès d'argille & le laisse précipiter sur la fin
de l'évaporation ; qu'on n'obtient alors qu'un
précipité grenu qui ne présente aucune apparence de cryftaux, ou que fi l'on parvient à faire
cryftallifer l'alun sans addition d'alkali, les cryftaux n'ont point la même dureté ni la même
pefanteur qu'ils ont ordinairement (1). M. Décroizille ne croit pas que ce foit par la fouftraction de
l'acide que l'alkali contribue à la cryftallifation de
l'alun, mais à la combinaison qui fe forme entre
le fulfate de potaffe & le fulfate d'alumine ; & il
m'a écrit qu'il obtenoit également cette cryftallifation en employant du fulfate de potaffe au lieu
d'alkali.

Le fer qui fe trouve quelquefois en quantité
confidérable dans l'alun y eft très préjudiciable,
fur-tout lorfqu'on veut l'employer à des couleurs

---

(1) Ann. de Chym., T. III.

vives & claires. On éviteroit ce mélange si l'on rejetoit les résidus que l'on appelle eaux meres, & que l'on a coutume de mêler aux liqueurs que l'on fait cryftallifer , & si l'on réfervoit ces résidus qui contiennent encore fouvent du fulfate de magnéfie & d'autres fubftances falines, pour en retirer de l'alun de qualité inférieure & pour d'autres ufages indiqués par Bergman.

En général on préfere l'alun de Rome ou de la Tolfa à tous les autres ; fa fupériorité vient, felon Bergman, de ce qu'il contient beaucoup moins de fer ; & l'on peut, par une cryftallifation foignée & en évitant de mêler aux diffolutions de la mine les réfidus des cryftallifations précédentes, procurer aux autres aluns une qualité même fupérieure. Celui de Rome contient une petite portion de fer dans un état particulier, à laquelle eft due, felon le même chymifte (1), une teinte rofe qui le diftingue des autres efpeces. On prépare à Brunfwick un alun auquel on donne la nuance de l'alun de Rome par le moyen d'un peu de cobalt.

M. Décroizille penfe que l'alun de Rome differe des autres aluns , & particulièrement de celui d'Angleterre, en ce qu'il contient beaucoup

____

(1) Op. f. , T. III, de Prod. Vulcan.

moins

moins de sulfate de potasse & une proportion plus grande d'alumine. Il a précipité l'alumine de poids égal d'alun d'Angleterre & d'alun de Rome avec du carbonate de soude, & il en a fallu un tiers de plus pour le dernier que pour le premier. Il a fait sécher l'alumine précipitée, & celle qui provenoit de l'alun de Rome a pesé un tiers de plus que l'autre.

Comme les bonnes mines d'alun sont rares en France, on a tâché d'y suppléer en combinant directement l'acide sulfurique avec l'alumine.

L'argille ordinaire est un mélange de l'alumine ou de cette terre qui sert de base à l'alun & de terre silicée, en proportions très variables. Il s'y trouve aussi plus ou moins de fer & d'autres terres. Il faut choisir les argilles les plus pures, c'est-à-dire celles qui contiennent le moins de fer & de terre calcaire.

M. Chaptal ayant observé dans un grand nombre d'épreuves que ce procédé étoit trop dispendieux pour pouvoir être exécuté avec avantage dans sa province, a cherché des moyens plus économiques & plus simples.

Il réduit en boules de cinq à six pouces de diametre une argille qui a été choisie avec soin ; il calcine ces petites masses, il les concasse, il les expose à la vapeur de l'acide sulfurique au moment de sa formation dans une chambre de bois

Tome I. R

très vaste & enduite d'un vernis, qu'il subſtitue aux chambres ordinaires de plomb; il laiſſe pendant quelque temps ſous un hangar l'argille ainſi imprégnée d'acide ſulfurique; après cela il la leſſive & procede à la cryſtalliſation. M. Chaptal, loin de faire un myſtere d'une fabrication qui a exigé beaucoup de tentatives diſpendieuſes, en a donné une deſcription que l'on trouvera dans les Mémoires de l'académie de 1788, & dont un extrait a été inféré dans le troiſieme volume des Annales de Chymie.

M. Décroizille, qui s'eſt beaucoup occupé de la fabrication de l'alun, m'aſſure qu'il a un moyen de combiner la terre avec l'acide ſulfurique, beaucoup plus économique & plus prompt que celui de M. Chaptal, & qu'il eſpere qu'on pourra bientôt ſe paſſer en France des aluns étrangers dont on tire à préſent une quantité conſidérable.

L'on voit que l'on a deux principaux objets à examiner dans le choix de l'alun; 1°. contient-il du fer? l'infuſion de noix de galle peut ſervir d'épreuve par la teinte noire qu'elle donne à ſa diſſolution lorſqu'il s'y trouve du fer; 2°. contient-il beaucoup d'alkali ſous la forme de ſulfate? L'on peut employer le moyen dont M. Décroizille a fait uſage pour le reconnoître, en prenant

du véritable alun de Rome pour objet de comparaison.

Il faut à une chaleur moyenne, selon Bergman,
trente parties d'eau pour en diffoudre une d'alun,
& trois parties fuffifent lorfqu'elle eft bouillante.

Non feulement les alkalis décompofent l'alun,
mais même les carbonates de chaux & de magnéfie; cependant il faut remarquer que les alkalis
mêmes ne font qu'enlever une partie de l'acide,
& que le précipité en retient près de la moitié;
c'eft un fel avec le moins d'acide qu'a fait connoître M. Baumé.

Si l'on diffout ce précipité dans un acide, tel
que l'acide nitrique ou l'acide muriatique, cet
acide s'empare de l'excès d'alumine, & rétablit
les proportions qui conftituent l'alun; de forte
que par l'évaporation on obtient des cryftaux qui
paroiffent différents de ceux de l'alun; mais en
les examinant avec foin, l'on trouve que leur
forme fe rapporte à l'une des variétés de celles de
l'alun. C'eft ce que j'ai conftaté fur des cryftaux
que j'avois obtenus de la diffolution du précipité
d'alun par l'acide nitrique, & que je priai M.
l'abbé Haüy d'examiner: je m'affurai auffi que
c'étoit l'acide fulfurique qui entroit dans ces cryftaux. Cet acide que l'alumine conferve lorfqu'on
la précipite, peut lui être enlevé en la faifant di-

gérer dans une diffolution d'alkali fixe ou d'ammoniaque, & alors on n'obtient point de cryftaux de fes diffolutions par l'acide nitrique ou par l'acide muriatique.

La chaux & les alkalis cauftiques, mêlés en certaines proportions avec la diffolution d'alun, déterminent ce fel à prendre une forme cubique, phénomène que M. Siefferts me paroît avoir décrit le premier (1), & qui a donné lieu à plufieurs obfervations intéreffantes de M. le Blanc (2); mais les chymiftes n'ont pas encore déterminé quelle efpece de combinaifon fe forme dans ces mélanges, & quelles proportions elle admet. Il paroît que la chaux & l'alkali qui fe font unis à l'alun, facilitent la féparation de l'alumine, & par là fa combinaifon avec les fubftances qu'on foumet à l'alunage. Ce procédé eft employé avec fuccès pour la teinture du coton & du lin.

____

(1) Siefferts Verfuch mit einheimifchen farbe materien, &c. 1775.

M. Siefferts cite une differtation fur l'alun cubique, qu'il a fait imprimer dans le magafin de Hambourg. Il prefcrit pour obtenir l'alun cubique, de mêler douze parties d'alun ordinaire avec une partie de chaux éteinte à l'air, de diffoudre ce mélange dans l'eau bouillante, & de faire évaporer lentement.

(2) Journ. de Phys. 1788.

J'ajouterai encore quelques observations fur la combinaifon des parties colorantes avec l'alumine, & fur celles de l'alumine avec les alkalis.

Il feroit inutile de rappeller ici la maniere dont l'alun agit dans les opérations de teinture. C'eft l'un des objets fur lefquels j'ai le plus fixé l'attention dans la théórie que j'ai expofée.

L'on donne quelquefois le nom de lacque à la combinaifon des parties colorantes avec l'alumine, que l'on obtient par le mélange de l'alun & de la diffolution des parties colorantes, en y ajoutant une proportion convenable d'alkali pour opérer ou pour compléter la précipitation : cependant le nom de lacque a plufieurs acceptions ; il tire fon origine d'un extrait de la lacque, qui eft une fubftance colorante dont on traitera au volume fecond ; il a été enfuite appliqué à des pâtes feches colorées avec la lacque pour l'ufage de la peinture, & enfin à des pâtes feches & à des poudres de différentes couleurs & de différente nature.

L'alumine fe diffout affez abondamment dans les alkalis purs ou cauftiques, fur-tout par le moyen de la calcination. Macquer s'étoit beaucoup occupé de cette diffolution, & la regardoit comme un mordant très avantageux, fur tout

pour teindre le coton avec la garance (1). J'ai répété & varié fes expériences, & j'avoue que je
n'ai point approché du fuccès qu'il annonce; il
me paroît même que l'alkali a trop d'affinité avec
les parties colorantes pour qu'elles puiffent lui
être ôtées & fe fixer en affez grande quantité fur
les étoffes auxquelles il a lui-même la propriété
de les enlever : cependant je fufpends mon opinion, parceque je vois que M. Hauffman, dont
l'autorité eft d'un grand poids, regarde auffi
comme très propre à fervir de mordant, la
combinaifon d'alumine & de potaffe qu'il défigne
par le nom d'alumine de potaffe (2).

---

(1) Dans un mémoire qu'il a lu dans une féance publique de l'académie, mais qui n'eft pas imprimé.

(2) Lettre de M. Hauffman. *Ann. de Chym.*, T. VII.

CHAPITRE III.

Du sulfate de fer ou vitriol martial.

LE sulfate ou *vitriol de fer*, *vitriol martial*, *couperose verte*, est cristallisé en rhombes d'une belle couleur verte, transparent lorsque sa cristallisation est récente. Il contient sur cent parties 24 d'acide sulfurique, 24 de fer & 52 d'eau.

L'on peut faire immédiatement le sulfate de fer avec le fer & l'acide sulfurique étendu d'une certaine quantité d'eau : cette dissolution présente des phénomènes bien intéressants pour la chymie; mais ce n'est pas ici le lieu de s'en occuper. Le sulfate de fer qu'on forme par ce moyen, est d'un prix qui ne permet pas de l'employer dans les arts, & la nature fournit des moyens d'en obtenir qui est à beaucoup meilleur marché.

On trouve du sulfate de fer natif, soit dans les mines de charbon, soit dans les cavités des mines pyriteuses, soit dans les schistes; mais la plus grande partie de celui qui est employé, provient des pyrites martiales.

Les pyrites sont des pierres composées d'oxide

R 4

de fer, de foufre, d'argille, de terre filicée, &
quelquefois de terre calcaire en différentes proportions. On opere la formation du fulfate de fer
dans ces pierres, en les expofant long-temps à l'action de l'air & de l'humidité, ou en les torréfiant
à l'air libre, & les laiffant enfuite expofées à fon
action ; il faut même quelquefois réitérer cette
opération. On retire le fufate qui s'eft formé, par
la lixivation & l'évaporation.

On prépare auffi du fulfate de fer avec des
eaux minérales qui tiennent en diffolution du
cuivre qu'on précipite par le fer ; on fait cryftallifer enfuite cette diffolution qui retient un peu
de cuivre.

Le fulfate de fer de Goflar contient ordinairement un peu de zinc, & celui de Hongrie & de
Saxe contient un peu de cuivre (1). Les fulfates
d'Angleterre & de France font plus purs ; ils contiennent cependant quelquefois de l'alun, fur-
tout ceux de France.

L'on feroit des fulfates de fer exempts de cuivre & d'alun, fi l'on avoit foin de tenir des morceaux de fer dans la chaudiere qui fert à l'évaporation, comme le confeille M. Monnet (2) ; car le

---

(1) Minéral de M. Kirwan.
(2) Traité de la vitriolifation.

fer a la propriété de précipiter le cuivre & la bafe
de l'alun ; & il paroît que c'eft à cette précaution
qu'eft due la fupériorité du vitriol d'Angleterre ;
on obferve auffi cette pratique dans deux manufactures qui font aux environs d'Alais (1). Il n'y a
que le zinc qui ne pourroit être précipité ; mais
il fe trouve très rarement & feulement en petite
quantité dans les fulfates de fer.

Le cuivre qui fe trouve dans plufieurs efpeces
de fulfates de fer, ne paroît pas être nuifible aux
teintures noires pour lefquelles on emploie principalement ce fel métallique ; cependant fi on
vouloit s'en débarraffer, il faudroit le féparer
en tenant plongées pendant 24 heures dans la diffolution froide de ce fel, des lames de fer fur lefquelles fe précipiteroit entièrement le cuivre ;
mais on ne pourroit opérer cette féparation
par la cryftallifation ; parceque, felon l'obfervation de M. Monnet, le fulfate de fer & celui de cuivre forment un fel complexe & ne
peuvent fe féparer.

L'alun eft probablement plus nuifible au noir
que le cuivre ; car lorfqu'on fait bouillir une étoffe
noire avec ce fel, il en détruit la couleur en la

---

(1) Elém. de Chym. de M. Chaptal, T. II.

diſſolvant. Il y a apparence que c'eſt pour cela
qu'on recherche le vitriol d'Angleterre.

On peut encore débarraſſer le ſulfate de fer
de l'alun, en le tenant quelque temps en digeſtion avec la limaille de fer ; mais cette décompoſition eſt plus difficile & moins complete que
celle du ſulfate de cuivre.

Cependant ce n'eſt que parceque la cryſtalliſation ne s'eſt pas faite avec ſoin, que le ſulfate
de fer peut contenir de l'alun ; car, comme l'obſerve M. Monnet, ces deux ſels ne peuvent pas
s'allier dans des cryſtaux complexes, de ſorte
qu'on peut les ſéparer par une cryſtalliſation
ſoignée.

Le ſulfate de fer ſe ternit & devient jaunâtre
lorſqu'on le conſerve long-temps à l'air ; ſa diſſolution ſe trouble lorſqu'on la fait bouillir, il s'en
précipite une partie du fer ſous la forme d'une
poudre jaune, & elle perd la propriété de former des
cryſtaux. Ces phénomènes dépendent de ce que le
fer attire l'oxygène ou la baſe de l'air pur de l'atmoſphère ; & lorſqu'il s'en eſt ſaturé à un certain
degré, il ne peut plus être tenu en diſſolution que
par un excès d'acide. Il s'en précipite donc juſqu'à ce que ce qui reſte puiſſe être tenu en diſſolution par l'acide qui ſe trouve en proportion

convenable. Pour éviter cette espece de décompofition, il ne faut diſſoudre le ſulfate de fer qu'au moment où l'on en a befoin, & il faut le diſſoudre au moindre degré de chaleur qu'on puiſſe employer. J'ai remarqué que la diſſolution faite avec peu de chaleur fe conſervoit beaucoup plus long-temps à l'air fans fe troubler & fans fe précipiter, que celle qui avoit été faite par l'ébullition & après cela filtrée

Le ſulfate de fer eſt d'un grand uſage dans les teintures, particulièrement pour le noir, le gris & les autres nuances que l'on rembrunit par fon moyen. J'ai fait voir dans la premiere ſection, comment il agiſſoit en fe combinant avec le principe aſtringent & les parties colorantes.

L'on fe fert encore en teinture de la diſſolution du fer par l'acide acéteux & par quelques autres acides végétaux ; mais ces préparations fe font dans les endroits mêmes où on les emploie, & on en trouvera la deſcription dans celle des procédés dont elles font partie.

Toutes les diſſolutions de fer different beaucoup entre elles par l'état dans lequel ce métal s'y trouve, & par la propriété qu'elles ont d'attirer de l'atmoſphère plus ou moins d'oxygène.

La diſſolution par l'acide nitrique, ne donne ,

felon l'obfervation de M. Hauffman (1) , aucun
indice d'abforption de l'air vital avec lequel on la
met en contact & on l'agite ; mais elle conferve
un grand excès d'acide.

La diffolution par l'acide acéteux eft d'abord
d'un verd pâle ; elle abforbe l'air vital, devient
par là de plus en plus jaunâtre , & finit par prendre une couleur d'un jaune rougeâtre très foncé.
Elle prend une grande proportion de fer , & fe
charge d'oxygène , fans former de dépôt.

La diffolution par l'acide fulfurique attire
plus lentement l'oxygène que la précédente , elle
forme un dépôt d'oxide proportionné à la quantité de ce principe , & prend par là un excès d'a-
cide de plus en plus grand.

L'acide muriatique diffout l'oxide de fer dans
quel état qu'il fe trouve ; mais s'il contient beaucoup d'oxygène , une partie de l'acide fe dégage
fous la forme d'acide muriatique oxygéné , felon
l'obfervation de M. Fourcroy.

Ces propriétés des diffolutions de fer pourront
fervir à expliquer les différences qu'elles préfentent dans les ufages des arts.

____

(1) Journ. de Phys. 1787.

CHAPITRE IV.

Du sulfate de cuivre ou vitriol bleu.

LE sulfate de cuivre, *vitriol bleu*, *vitriol de Chypre*, *couperose bleue*, est un sel composé d'oxide de cuivre & d'acide sulfurique ou vitriolique. Ce sel forme facilement des crystaux bleus de forme rhomboïdale; il contient par quintal 30 livres d'acide, 43 d'eau & 27 de cuivre. A la température de 12 degrés, il faut à-peu-près 4 parties d'eau pour en dissoudre une partie.

Le sulfate de cuivre est d'un usage peu étendu dans les arts; ce qui fait qu'on s'est peu occupé des différents procédés par lesquels on pourroit le préparer.

Pour faire le sulfate de cuivre qui est dans le commerce, on emploie deux moyens : le premier consiste à calciner la pyrite de cuivre, ou la *mate* qui résulte de la fusion de la mine de cuivre, & qui est une combinaison du cuivre & du soufre, & à faire effleurir le résultat de la calcination : par là le cuivre s'oxide, & le soufre se change en acide sulfurique : on extrait ensuite le sel qui s'eſt formé, & on le fait cryſtalliſer ; le ſecond procédé conſiſte à calciner un mélange artificiel de ſoufre & de cuivre, à le faire également effleurir, à leſſiver le ſel & à le faire cryſtalliſer.

Il y a quelques eaux qui contiennent du cuivre qui s'y trouve combiné avec l'acide ſulfurique ; on pourroit employer ces eaux lorſqu'on veut faire uſage du ſulfate de cuivre.

Les alkalis & la chaux produiſent avec le ſulfate de cuivre un précipité bleu verdâtre, qui à l'air devient promptement verd : l'ammoniaque produit un précipité d'un beau bleu, qu'elle peut rediſſoudre facilement, & qui à l'air devient également verd. Ces différences de couleurs dépendent des proportions d'oxygène qui ſe trouvent combinées avec le cuivre : s'il s'y trouve en petite quantité, l'oxide eſt bleu ; une plus grande quantité lui donne un couleur verte, d'où vient que l'oxide bleu devient verd à l'air en ſe combinant avec l'oxygène qu'il attire de l'atmoſphère.

L'oxide de cuivre ſe combine facilement avec la plupart des parties colorantes qui le précipitent des acides ; il leur communique ſouvent une couleur agréable ; mais comme la couleur qu'il a lui-même & qui influe ſur celle de ſa combinaiſon, eſt facilement altérée par l'air, il n'en réfulte que des couleurs variables & de peu de durée, de forte qu'il y a peu de circonftances dans lefquelles on en faffe ufage avantageufement.

L'on a remarqué que le fulfate de cuivre attaquoit plus les étoffes que celui de fer (1) : cet effet provient en partie de ce que dans l'un il y a beaucoup plus d'acide effectif que dans l'autre ; car, felon l'évaluation de M. Kirwan, cent parties de fulfate de fer contiennent vingt parties d'acide fulfurique, & cent parties de fulfate de cuivre en contiennent trente. Cet acide eft mis à nud lorfque l'oxide fe combine avec les parties colorantes, & il porte fon action fur l'étoffe ou plutôt fur la combinaifon de l'étoffe avec les parties colorantes ; mais ce qui augmente particulièrement d'un côté la quantité de l'acide mis à nud & par conféquent fon action fur l'étoffe, d'un autre côté l'influence de l'oxide de cuivre fur les propriétés de la couleur, c'eft que cet oxide entre en grande proportion dans la combinaifon qu'il forme avec les parties colorantes. J'ai précipité une quantité égale de décoction de bois jaune avec du fulfate de cuivre & avec du fulfate de fer : le précipité produit par le premier a été beaucoup plus confidérable. Il y a donc eu plus de

____

(1 Inftruction fur l'Art de la Teinture ; par M. Pœrner.

fulfate de cuivre de décompofé par la même quantité de parties colorantes que de fulfate de fer. La quantité d'acide mis à nud a donc été plus confidérable pour deux raifons.

Ce qui prouve que ce n'eft pas l'oxide de cuivre qui agit principalement fur les étoffes, c'eft qu'on ne fait pas au verd-de-gris le même reproche qu'au vitriol bleu.

CHAPITRE V.

Du fulfate de zinc ou vitriol blanc.

L E fulfate de zinc, *vitriol de zinc, vitriol blanc, couperofe blanche*, eft compofé de l'acide fulfurique & de l'oxide ou chaux de zinc. Il faut un peu plus de deux fois fon poids d'eau pour le diffoudre à la température de 12 degrés, & l'on obtient par l'évaporation, des cryftaux qui forment un prifme tétraédre terminé par une pyramide à quatre pans. Cent parties de fulfate de zinc en contiennent, fuivant M. Kirwan, 22 d'acide, 20 de zinc & 58 d'eau.

La plus grande partie du fulfate de zinc qui eft dans le commerce eft préparée à Goflar, où après

avoir

avoir torréfié & diftillé la mine qui contient le zinc, on jette dans l'eau le réfidu ardent, on leffive, & on fait évaporer la liqueur qui donne ce fel métallique.

Le fulfate de zinc du commerce contient toujours du fer; & lorfqu'on laiffe expofé à l'air fa diffolution, ou qu'on la fait bouillir, elle fe trouble, une partie du fer fe précipite; mais il en refte toujours la plus grande partie, & on ne peut le précipiter en entier qu'en faifant bouillir la diffolution avec la limaille de zinc, encore eft-il difficile de féparer tout le fer par ce moyen.

L'on a fait jufqu'à préfent très peu d'ufage de ce fel métallique en teinture, & l'on a trouvé, lorfqu'on l'a employé, qu'il rendoit les couleurs plus foncées; mais cet effet eft dû, en grande partie, au fer qu'il contient toujours. J'ai fait du fulfate de zinc en diffolvant du zinc dans l'acide fulfurique : j'ai verfé de cette diffolution dans une infufion de fumac, de noix de galle, de garance & de cochenille, & j'ai comparé les effets qu'elle produifoit avec ceux d'une diffolution de fulfate de zinc ordinaire, laquelle étoit ancienne & avoit dépofé le fer qu'elle peut dépofer par l'expofition à l'air. La derniere a rendu les couleurs beaucoup plus foncées que le fulfate pur.

Tome I.   S

Le dépôt produit par celui-ci avec l'infusion de
sumac, étoit lilas violet, avec l'infusion de noix
de galle, un peu plus foncé, avec celle de garance, pourpre clair, avec l'infusion de cochenille, d'abord rouge, & ensuite d'un beau pourpre. En général, les précipités produits par le
sulfate de zinc se foncent un peu avec le temps;
ce qui annonce que l'oxide de zinc produit un
peu de combustion dans les parties colorantes; il
paroît d'ailleurs ne se combiner qu'en petites
proportions avec elles. L'on voit par là d'où vient
qu'il donne des couleurs plus foncées que l'oxide
d'étain, quoique l'un & l'autre soient blancs.

CHAPITRE VI.

Du verd-de-gris & de l'acétite de cuivre.

LE verd-de-gris ne se préparoit autrefois qu'à Montpellier & dans ses environs : le procédé qu'on y suit consiste à faire fermenter des rafles de raisins avec la vinasse, à mettre ensuite des lames de cuivre couches par couches avec ces rafles, à les laisser là quelque temps, à les retirer pour les mettre au *relai* dans un coin de la cave, où on les asperge encore de vinasse, & à racler enfin le verdet qui s'est gonflé par cette derniere opération. On recommence ensuite les mêmes manipulations sur les lames de cuivre qu'on a dépouillées du verdet.

A Grenoble on emploie le vinaigre tout fait, & on en arrose les lames de cuivre. Le verd-de-gris préparé de l'une ou de l'autre maniere, differe par quelques propriétés.

Le cuivre est réduit en oxide par les mêmes causes que le plomb l'est dans la fabrication du blanc de plomb ; c'est par le concours de l'action de l'air atmosphérique & de l'acide acéteux qu'on emploie

S 2

ou qui fe forme dans les rafles : mais comme les vaiffeaux de cuivre font d'un grand ufage, il n'eft pas inutile de s'étendre un peu plus fur la maniere dont les acides agiffent fur ce métal.

Pour que le cuivre fe diffolve dans les acides, il faut, de même que les autres métaux, qu'il fe combine avec l'oxygène, ou qu'il fe réduife en chaux ou oxide ; il faut donc ou qu'il attire l'oxygène de l'atmofphère, ou que les acides puiffent lui en fournir, ou bien qu'il décompofe l'eau. Ce dernier cas exige des circonftances qui ne fe rencontrent pas dans les opérations de teinture.

Les acides végétaux ne peuvent pas donner de l'oxygène au cuivre ; mais l'action qu'ils exercent fur lui, favorife tellement fa combinaifon avec l'oxygène, qu'il l'attire promptement de l'air atmofphérique, & que par là il eft réduit en oxide, & devient foluble dans la liqueur acide ; mais pour que le cuivre puiffe attirer l'oxygène de l'atmofphère, il ne faut pas que la liqueur foit chaude ; ainfi les acides végétaux n'attaquent pas le cuivre pendant qu'ils font chauds, & la même chofe a lieu pour les huiles & les autres fubftances qui ont de l'action fur ce métal, à moins qu'une portion du cuivre ne fe trouve déja oxidée ; alors elle fe diffout facilement à quelle température que foit la liqueur. L'on apperçoit par là la nécessité de ne jamais laisser refroidir dans les chaudieres de cuivre, des liqueurs qui peuvent attaquer ce métal, & d'avoir soin de les tenir toujours d'une grande propreté, pour qu'il ne se trouve point à leur surface d'oxide formé.

L'acide nitrique & l'acide nitro-muriatique ou eau régale, quoiqu'étendus d'eau, ont la propriété de donner de l'oxygène au cuivre, & de le dissoudre, sur-tout lorsque la liqueur est en ébullition ; de sorte que l'on ne peut pas éviter qu'il ne se dissolve une partie de ce métal dans les bains dans lesquels on fait entrer, par exemple, de la dissolution d'étain, à moins que la chaudiere ne fût étamée avec soin : cependant ce qui peut diminuer cet effet, c'est que l'acide nitrique porte son action sur les substances végétales, & sur-tout sur les substances animales qui se trouvent avec lui dans le bain.

Le cuivre est donc réduit en oxide dans le verd-de-gris, & il est combiné avec une portion plus ou moins considérable d'acide acéteux : lorsque l'oxide de cuivre est complètement saturé de cet acide, il est entièrement soluble dans l'eau, & il forme par l'évaporation, des crystaux rhomboïdaux de couleur bleue, qui, se fixant sur des petits bâtons de bois, donnent naissance à ces grouppes que l'on connoît sous le nom de *verdet crystallisé*.

S 3

de *crystaux de Vénus*. Il y a donc cette différence entre ce sel & le verd-de-gris, que, dans le premier, l'oxide de cuivre est complètement saturé d'acide acéteux, c'est l'acétite de cuivre ; & que, dans le verd-de-gris, il n'y a qu'une portion de l'oxide de cuivre qui soit dans l'état d'acétite : on peut séparer cette portion saline en la dissolvant dans l'eau ; alors il ne reste que l'oxide de cuivre, qui est insoluble dans l'eau, mais qui se dissout facilement dans l'acide acéteux, & qui par là se trouve dans le même état salin (1). Quelquefois le verd-de-gris ne contient que très peu d'acétite, quelquefois au contraire, il contient à peine un quart de son poids d'oxide de cuivre non combiné, & c'est en quoi consiste la différence qui distingue le verd-de-gris fabriqué à Grenoble, & celui de Montpellier. Le premier contient beaucoup plus d'acétite de cuivre, & le second d'oxide de cuivre non combiné.

Ces observations peuvent être utiles pour entreprendre soi-même la fabrication du verd-de-gris & celle du verdet crystallisé, fabrication qu'on peut modifier de différentes manieres, selon les circonstances où l'on se trouve, & pour juger des qualités du verd-de-gris, qui peut, selon sa

---

(1) Mém. de l'acad. 1782.

nature, être plus ou moins propre à certains usages : ainsi lorsqu'on a besoin que le verd-de-gris se dissolve, s'il contient peu d'acétite, la plus grande partie de celui qu'on emploie se trouve perdue ; alors on peut dissoudre par le vinaigre l'oxide non combiné, & par ce moyen tout le verd-de-gris est rendu propre à remplir son objet ; mais dans d'autres circonstances, c'est l'oxide libre qui est utile, & alors il faut choisir du verd-de-gris qui contienne peu d'acétite, ou même dissoudre l'acétite, & le séparer pour le réserver à un autre usage.

C'est principalement & peut-être uniquement par l'oxide non combiné qu'agit le verd-de-gris qu'on emploie dans la teinture en noir : cet oxide sert à précipiter le fer combiné avec le principe astringent, en se combinant lui-même avec l'acide sulfurique ; & c'est par là qu'on peut expliquer les observations de M. Clegg que je vais rapporter (1).

M. Clegg cherchant à substituer au verd-de-gris un ingrédient moins cher pour la teinture en noir, dit qu'il observa que le cuivre du verd-de-

____

(1) Transactions of the society, instituted at London, for the encouragements of arts, manufactures and commerce, pag. 181, vol. 1.

gris précipitoit en état d'oxide le fer du sulfate de fer, tenu en dissolution avec des matieres astringentes : mais j'ai observé que le fer étoit combiné avec le principe astringent, lorsqu'il étoit précipité par l'oxide de cuivre, & même l'oxide de fer ne peut être précipité par l'oxide de cuivre qu'en raison de la double affinité qui résulte de l'action du principe astringent. M. Clegg, regardant le verd-de-gris comme un précipitant du fer, chercha à lui substituer d'autres substances propres à précipiter le fer de ses dissolvants : il essaya d'abord les alkalis; & ses expériences, qui, en petit, lui parurent réussir, n'eurent pas de succès en grand : en effet les alkalis ne précipitent pas la combinaison du fer & du principe astringent, mais ils la surcomposent & ils lui donnent une teinte rougeâtre : il s'assura ensuite par plusieurs épreuves, qu'on pouvoit parfaitement remplacer le verd-de-gris par un mélange de sulfate de cuivre & de potasse : il prescrit de dissoudre le sulfate de cuivre, & d'y ajouter de la dissolution de potasse jusqu'à ce que la couleur bleue disparoisse, c'est-à-dire jusqu'à ce que tout le cuivre soit précipité. Il faut pour cela à-peu-près poids égal de sulfate de cuivre & d'alkali : il assure que le poids de l'un & de l'autre remplace un poids égal de verd-de-gris, & que ce procédé peut être

mis en ufage particulièrement pour les chapeaux,
dont la teinture confomme beaucoup de verd-de-
gris.

Les avantages de ce procédé dépendent du prix
comparé du fulfate de cuivre, de la potaffe & du
verd-de-gris : l'on pourroit fubftituer au fulfate
de cuivre la diffolution du cuivre par l'acide nitrique qui fe fait dans l'opération du départ.

CHAPITRE VII.

De l'acétite de plomb ou fel de Saturne.

L'ACÉTITE de plomb ou fel de Saturne eft
une combinaifon du plomb réduit en oxide ou en
chaux, & de l'acide acéteux ou vinaigre ; il eft
ordinairement cryftallifé en aiguilles déliées &
confufes ; mais fi on le fait cryftallifer par une
évaporation lente, on obtient des cryftaux blancs
en parallélépipedes applatis, terminés par deux
furfaces inclinées, difpofées en bifeau.

Ce fel a une faveur fucrée, mêlée d'un peu
d'aftriction ; ce qui lui a fait auffi donner le nom
impropre de fucre de Saturne. Il fe laiffe décompofer en partie par l'eau, & forme avec elle une

liqueur laiteuse qui dépose une poudre blanche
due à une partie de l'oxide de plomb qui a abandonné l'acide : mais on évite ce dépôt si on ajoute
à l'eau une certaine quantité d'acide acéteux; procédé qui peut être utile lorsqu'on fait usage de ce
sel en teinture. Outre ce dépôt, qui a lieu dans l'eau
distillée même, il s'en fait un autre dans les eaux qui
contiennent des sulfates, lequel est dû à la combinaison de l'oxide de plomb & de l'acide sulfurique, & est proportionnel à la quantité de cet acide.
Le sel qui résulte de l'acide muriatique, a assez de
solubilité pour ne pas former de dépôt constant.

Lorsque l'acide acéteux n'a pas le contact de
l'air, il n'attaque pas le plomb dans l'état métallique ; mais si l'air touche sa surface, peu à
peu le plomb s'oxide par le moyen de l'oxygène
qu'il attire, & par là il devient soluble dans l'acide:
comme cette maniere de préparer l'acétite de
plomb seroit défavantageuse, & parcequ'elle exi-
geroit beaucoup de temps, & parcequ'une grande
partie de l'acide acéteux s'évaporeroit, l'on a re-
cours à d'autres procédés.

Le blanc de plomb est un oxide de plomb qui
paroît combiné à une petite partie d'acide acéteux;
pour le former, on suspend le plomb réduit en
lames sur du vinaigre dans des vases de terre, que
l'on recouvre de fumier pour que la chaleur en-

tretienne l'évaporation du vinaigre, qui, en s'exhalant, réduit, par le moyen de l'air, le plomb en oxide. Cet oxide qu'on pulvérise avec beaucoup de soin, forme le blanc de plomb; mais une partie tombe dans le vinaigre, s'y dissout, & forme de l'acétite de plomb qui n'a besoin que d'être évaporé & d'être purifié par une seconde crystallisation.

La plus grande partie de l'acétite de plomb se prépare avec le vinaigre distillé retiré de la biere ou du vin, & avec le blanc de plomb, qui, comme on l'a dit, est un oxide de plomb réduit en poudre très subtile, & par conséquent dans l'état le plus favorable pour se dissoudre. On peut voir la description des opérations par lesquelles on les prepare en grand, dans l'Art du Distillateur de M. de Machi, & particulièrement dans le Dictionnaire de Chymie de M. de Morveau, au mot *Acétite de plomb*.

Si l'on se trouve dépourvu d'acétite de plomb, il est facile d'en fabriquer soi-même, en dissolvant un oxide de plomb dans du vinaigre distillé, & en faisant évaporer la dissolution jusqu'au point convenable à la crystallisation. On peut se servir de différents oxides de plomb : le blanc de plomb se dissout plus facilement que les autres, excepté la cérufe ; mais il faut éviter celle-ci, parcequ'elle eſt un mélange de blanc de plomb & de craie : la litarge ou oxide de plomb demi-vitreux peut être ſubſtitué au blanc de plomb ; mais le minium ſe diſſout plus difficilement.

Il ſuffiroit dans pluſieurs cas de diſſoudre l'oxide de plomb dans du vinaigre blanc, dont la partie extractive par laquelle il diffère principalement du vinaigre diſtillé ne nuiroit pas aux couleurs. L'excès d'acide que pourroit conſerver cette diſſolution ne ſeroit également pas nuiſible, & pourroit empêcher le précipité qui ſe forme lorſqu'on diſſout l'acétite de plomb dans l'eau. Comme l'acétite de plomb a un certain prix, ce procédé pourroit être avantageux dans les manufactures où l'on en emploie beaucoup.

En général, l'acétite de plomb forme un précipité abondant avec les diſſolutions des parties colorantes ; il fonce les couleurs, il les rend plus ſolides, mais plus ternes. Le plus grand uſage qu'on en faſſe eſt pour la compoſition du principal mordant qu'on emploie pour les toiles peintes, & dans lequel il ſert, comme on l'a dit, à former une combinaiſon de la baſe de l'alun avec l'acide acéteux.

CHAPITRE VIII.

Des alkalis fixes.

L'ON diſtingue en chymie deux alkalis ; l'alkali fixe & l'alkali volatil ou ammoniaque : le premier réſiſte à l'action du feu, & le ſecond s'évapore à tous les degrés de température de l'atmoſphère. L'un & l'autre ont une action puiſſante ſur les parties colorantes ; mais comme dans les teintures l'on ne fait pas uſage de l'alkali volatil, au moins de l'alkali volatil libre, il ne ſera queſtion ici que de l'alkali fixe.

L'alkali fixe ſe diviſe en deux eſpeces ; en alkali fixe végétal ou potaſſe, & en alkali minéral ou ſoude.

ARTICLE PREMIER.

De l'alkali fixe végétal ou potaſſe.

Cet alkali s'extrait des cendres de diverſes ſubſtances végétales, d'où vient qu'on lui donne le nom d'alkali végétal ; & comme il eſt plus ou moins pur, plus ou moins cauſtique, ſelon la

fubftance dont il provient & felon les circonftances de fa préparation, on en fait dans le
commerce plufieurs variétés, auxquelles on a donné différents noms & qu'il eft indifpenfable de
diftinguer ; mais il faut d'abord confidérer l'alkali
indépendamment des mélanges qui peuvent en
modifier les propriétés.

L'alkali végétal eft pur & libre de toutes
combinaifons , ou bien il eft combiné avec l'acide
carbonique : dans le premier état , c'eft *la potaffe ,
la potaffe pure* des chymiftes, *l'alkali fixe végétal cauftique* ; dans le fecond état , c'eft *le carbonate de potaffe* , *l'alkali fixe végétal effervefcent.*

La potaffe pure ou cauftique a une faveur de
leffive très âcre ; elle attire fi puiffamment l'humidité de l'air, qu'on ne peut le réduire en cryftaux
que par des procédés particuliers ; c'eft dans cet
état qu'elle fe combine avec les huiles pour
former le favon ; mais la pureté de l'alkali n'eft
jamais abfolue, il tient toujours des terres en
diffolution, à moins qu'on ne fe ferve de l'alcohol ou efprit-de-vin pour le purifier (1). De là
vient que lorfqu'on le fature avec un acide, il fe
forme un dépôt qui prend quelquefois la forme
d'une gelée, & qui vient de la terre qui fe fépare.

____

(1) Mém. de l'acad. 1782.

Le carbonate de potaſſe eſt le même ſel dont on vient de parler, ſaturé d'acide carbonique : dans cet état il ne tient plus de terre en diſſolution, & l'efferveſcence qu'il produit avec les acides eſt due à l'acide carbonique qui s'échappe & qui prend l'état gazeux. Ce ſel a une ſaveur analogue à celle de l'alkali pur ; mais elle eſt beaucoup moins forte & il n'a point de cauſticité : il doit être conſidéré comme un véritable ſel neutre, & il ſe réduit en cryſtaux comme la plupart des autres ſels de cette eſpece. Lorſqu'on le mêle avec la chaux, celle-ci s'empare de l'acide carbonique & ſe précipite, de ſorte qu'il devient cauſtique : il abandonne auſſi l'acide carbonique lorſqu'on le pouſſe à une forte chaleur.

L'alkali qu'on retire des cendres ou qu'on trouve dans le commerce ſous différentes dénominations, eſt un compoſé d'alkali pur & de carbonate de potaſſe, & leur proportion varie non ſeulement dans les ſels qu'on vend ſous différents noms, mais encore dans ceux qui ont reçu la même préparation : une différence dans le degré de chaleur ſuffit pour en apporter une dans la cauſticité ; ils ſont de plus mêlés à des quantités plus ou moins grandes de terre & de ſels étrangers.

Lorſqu'on veut ſéparer l'alkali de la terre &

des fels étrangers , le moyen le plus fimple eft de
le laifler expofé à l'air dans un lieu humide :
l'alkali attire l'humidité de l'air ; la terre & la
plus grande partie des fels étrangers forment un
dépôt duquel on décante la liqueur ; c'eft cette
liqueur qu'on a appellée improprement huile de
tartre par défaillance. La partie qui fe trouve
combinée avec l'acide carbonique , & qui , fi elle
eût été feule , auroit formé des cryftaux , fe diffout par le moyen de la partie cauftique ; mais il
faut remarquer que fi on laiffe long-temps cette
dffolution expofée à l'air , elle attire peu à peu
l'acide carbonique qui fe trouve toujours dans
l'atmofphère , & elle finit par cryftallifer, comme
l'ont remarqué depuis long-temps Böhn &
Monter. Si l'on defire une purification plus
prompte, l'on n'a qu'à bien mêler l'alkali avec
poids égal d'eau froide , filtrer la liqueur , ou
bien la laiffer dépofer , & la décanter lorfqu'elle
eft claire : on peut verfer une quantité égale d'eau
fur le réfidu ; mais le refte de l'alkali qu'on retirera par là fera beaucoup moins pur que la premiere partie.

Le fel de tartre eft un alkali qu'on retire de la
combuftion du tartre, qu'on a enveloppé dans des
cornets de papier : après avoir diffous dans l'eau
le réfidu de la combuftion , on rapproche cette

diffolution

diffolution fur le feu, on fépare les fels étrangers à mefure qu'ils fe précipitent, & l'on obtient par la defficcation le fel de tartre, qui eft l'efpece d'alkali la plus pure, mais auffi la plus chere qui foit dans le commerce : l'alkali du fel de tartre eft peu cauftique.

Les cendres gravelées font fort riches en alkali, quoiqu'elles foient moins pures que le fel de tartre, & elles font le produit de la combuftion de la lie de vin & des cendres de farment.

La potaffe du commerce eft le réfultat de la combuftion des bois que l'on brûle pour cet objet dans les pays du nord qui ont des forêts abondantes, & principalement en Ruffie & en Suede. Selon Linneus, on brûle à un feu lent le bouleau ou l'aune ; on fait des cendres une efpece de pâte avec de l'eau ; on couvre de cette pâte un rang de bûches de pin ou de fapin ; fur ce rang on en pofe un autre tranfverfalement, on le couvre pareillement de la même pâte ; on continue de la forte ces couches de bois & de pâte, jufqu'à ce que la pile foit d'une hauteur confidérable : on met le feu à cette pile de bois, & quand les cendres commencent à couler, on la renverfe, & l'on bat avec des bâtons flexibles les cendres fondues ; elles s'incruftent par cette opération

Tome I. T

dans les bûches & deviennent aussi dures que la pierre.

L'on voit par cette description, que la potasse doit contenir beaucoup de terre; mais il paroît qu'on y mêle encore quelquefois de la chaux; & M. Home en a trouvé principalement dans une espece de potasse que l'on appelle *cassoude*, & dont les blanchisseurs font beaucoup d'usage dans la Flandre & dans l'Artois (1).

Un excellent juge, M. Chaptal, pense qu'on pourroit établir avec économie la fabrication de la potasse dans quelques forêts de la France : il dit que, d'après des calculs rigoureux, il a trouvé que la potasse qu'il a fait fabriquer dans quelques forêts du Languedoc , ne revenoit qu'à la moitié du prix que se vend chez nous celle du nord (2). Il a observé que les cendres de bois durs étoient en général celles qui en contenoient le plus; & les cendres de buis lui en ont fourni 12 à 14 livres par quintal; &, selon l'observation de M. Sage (3), 100 livres de bois de chêne ne donnent qu'une demi-livre de cendre.

____

(1) Essai sur le blanchiment des toiles.
(2) Elém. de Chym., T. I.
(3) Journal de Phys. 1789.

C'eſt par l'alkali que les cendres contiennent qu'elles agiſſent dans les leſſives : de là vient que les bois flottés qui ont été privés par l'eau des ſubſtances ſalines & extractives dont l'alkali devoit ſe dégager par la combuſtion, donnent des cendres inactives.

Il eſt facile de voir que la potaſſe du commerce, qui eſt l'eſpece d'alkali végétal dont on fait principalement uſage dans les arts, doit préſenter des différences conſidérables, ſelon les mélanges qui s'y trouvent naturellement ou qu'on y a ajoutés, & ſelon les circonſtances de l'opération : or il eſt avantageux de diſtinguer la quantité réelle d'alkali qu'elles contiennent. La ſaveur ſeroit facilement trompeuſe, parceque la potaſſe, dont l'alkali ſeroit dans un état plus cauſtique, paroîtroit beaucoup plus âcre que celle dont l'alkali ſeroit uni à une plus grande quantité d'acide carbonique : des épreuves ſur des leſſives ou ſur des parties colorantes pourroient tromper par la même raiſon. Un moyen ſûr de les évaluer eſt d'en diſſoudre un certain poids dans de l'eau, de filtrer la liqueur, & de comparer la quantité d'un acide qu'il faudroit pour la ſaturer & la mettre en état de ne plus verdir le ſirop violat, l'infuſion de petites raves, ou quelques autres couleurs végétales propres à ces épreuves, de comparer, dis-je, cette quantité à celle qui est nécessaire pour produire le même effet sur un poids connu d'alkali pur.

La potasse est d'un usage très étendu dans les teintures ; en général elle facilite la dissolution des parties colorantes & elle fonce leur couleur.

Dans différents procédés, l'on prescrit du sel de tartre ou des cendres gravelées ; mais dans tous les cas, on peut substituer la potasse, pourvu qu'on ait pris la précaution de la purifier comme je l'ai prescrit ; à moins qu'on ait besoin d'un alkali qui ait retenu beaucoup d'acide carbonique ; & alors on peut procurer cette qualité à la dissolution de potasse, en la laissant quelque temps à l'air. Comme il y a une grande différence entre les prix de ces alkalis, cette considération mérite attention.

Comme l'alkali fixe a une action très vive sur les substances de nature animale, & comme il les dissout, lorsqu'il est dans l'état caustique, il faut faire beaucoup d'attention, & aux proportions de ce sel qui entrent dans les procédés dont on fait usage pour ces substances, & à l'état plus ou moins caustique dans lequel il se trouve.

ART. II.

De l'alkali minéral ou soude.

ON donne le nom de minéral à cet alkali, parcequ'on le trouve souvent dans le sein de la terre, à sa surface ou dans des souterrains ; ainsi on en tire en Egypte de deux lacs qui se desséchent en été, & on lui donne le nom de natron ; on en trouve aussi dans plusieurs endroits de la Barbarie, de même qu'en Syrie, en Perse, dans les Indes orientales & à la Chine ; on en a même trouvé dans nos climats : cependant la plus grande partie de celui qu'on emploie est tirée de la combustion des plantes qui croissent au bord de la mer, & particulièrement du kali ou soude, d'où vient que la plupart des chymistes modernes lui donnent le nom générique de soude. Le natron contient des proportions variables de sel marin & de sulfate de soude ou sel de Glauber.

L'alkali minéral présente les caracteres généraux qu'on a décrits en parlant de la potasse ; mais il en differe principalement, 1°. en ce qu'il donne avec les acides des sels neutres différents, 2°. en ce que, dans son état naturel, il est toujours saturé d'acide carbonique, & qu'il donne des crystaux qui, bien loin d'attirer l'humidité de l'air, lui

T 3

cedent au contraire leur eau de cryſtalliſation, &
par là tombent en effloreſcence en prenant l'apparence d'une farine.

La ſoude du commerce contient une quantité
plus ou moins grande de terre, de ſel marin, de
ſulfate de ſoude ou ſel de Glauber, de charbon &
de ſulfure d'alkali ou foie de ſoufre. Il ne ſe
trouve dans celle qui eſt de bonne qualité que
5 à 6 onces de ſel de ſoude, qu'on peut ſéparer
par le moyen de la diſſolution & de la cryſtalliſation. La meilleure eſt celle qu'on retire de la
barille (1), ſur les côtes d'Eſpagne, & qui eſt
connue ſous le nom de ſoude d'Alicante. M.
Chaptal s'eſt aſſuré qu'on peut cultiver cette plante
avec le plus grand ſuccès ſur les rives de la Médi-
terranée.

L'on cultive en Languedoc & en Provence, ſur
les bords des étangs, une plante connue ſous le
nom de *ſalicor*, & qui donne une ſoude de bonne
qualité.

L'on prépare ſur pluſieurs de nos côtes une
eſpece de ſoude qui eſt connue ſous le nom de
cendre de varech. Elle ne contient que très peu
de ſel de ſoude, & quelquefois ſa partie ſaline

---

(1) Voyez la deſcription de cette plante par Juſſius;
Mém. de l'acad. 1727.

eſt preſque entièrement du ſel marin. En général les plantes qui croiſſent ſans culture produiſent une ſoude de qualité inférieure.

On peut faire l'épreuve de la ſoude du commerce de la maniere qui a été preſcrite pour la potaſſe.

Pour débarraſſer l'alkali minéral des ſels étrangers, il faut le diſſoudre dans l'eau, & ſéparer les divers ſels à meſure qu'ils ſe précipitent ou qu'ils cryſtalliſent; les cryſtaux de ſel de ſoude ſe forment les derniers.

Lorſqu'on fait uſage du ſel de ſoude, il eſt eſſentiel de faire attention à l'état dans lequel il ſe trouve; car lorſqu'il eſt en cryſtaux, il contient plus de la moitié de ſon poids d'eau de cryſtalliſation, de ſorte que, lorſqu'il eſt tombé en effloreſcence, une partie produit autant d'effet que deux parties de cryſtaux.

Le ſel de ſoude eſt un carbonate de ſoude, une combinaiſon de l'acide carbonique avec la ſoude pure. La chaux agit ſur ce ſel de la même maniere que ſur le carbonate de potaſſe, c'eſt-à-dire qu'elle lui enleve ſon acide carbonique & qu'elle le rend cauſtique; alors c'eſt la ſoude pure, ou ſimplement *la ſoude* des chymiſtes, *la leſſive des ſavonniers.*

L'on donne dans quelques endroits le nom

d'eau-forte ou *d'eau-forte des favonniers* à une diffolution de foude fimple ou cauftique (1): une pareille dénomination peut facilement in-duire en erreur , & faire confondre cette diffolu-tion alkaline avec l'acide nitrique ou eau-forte. Hellot nous apprend qu'il fut trompé de cette maniere fur la préparation d'une cuve d'indigo qu'on lui avoit indiquée.

L'on a découvert depuis quelque temps plu-fieurs procédés pour extraire la foude du fel marin ou muriate de foude, dont elle eft la bafe ; on s'eft réfervé le fecret de plufieurs. Si ces procédés font affez économiques pour extraire la foude avec avantage , ils doivent être confidérés comme très utiles , puifque ce fel eft d'un ufage très étendu dans plufieurs arts , & que nous le tirons des pays étrangers.

______

(1) Procès-verbal des opérations de Teinture faite à Yvetot, par François Gonin.

CHAPITRE IX.

Du savon.

Le savon est une combinaison d'huile & d'alkali ; mais pour que cette combinaison puisse s'opérer, il faut que l'alkali soit pur, c'est-à-dire privé d'acide carbonique ; l'alkali végétal ou la potasse, & l'alkali minéral ou la soude peuvent également former du savon : le savon fait par la potasse ne prend pas autant de solidité que celui qui est fait par la soude ; c'est pour cela qu'on préfere la derniere.

Pour faire le savon du commerce, il faut commencer par rendre la soude caustique, pour cela on fait bouillir une partie de bonne soude d'Alicante & deux de chaux vive dans une suffisante quantité d'eau ; on filtre la liqueur à travers une toile, on la fait évaporer au point qu'une fiole qui contient huit onces d'eau pure, puisse contenir onze onces de cette liqueur, qu'on nomme *lessive des savonniers :* une partie de cette lessive & deux d'huile cuites ensemble jusqu'à ce qu'en en prenant avec une spatule, il se détache & se coagule promptement, forment du savon.

Dans prefque tous les atteliers on prépare la leffive à froid en filtrant de l'eau par-deffus un mélange de volume égal de foude d'Alicante pilée & de chaux vive. On mêle enfuite cette leffive avec l'huile dans des chaudieres où le mélange eft favorifé par l'action du feu : on met d'abord la leffive qui eft paffée la derniere par le filtre & qui eft la plus foible, & peu à peu on ajoute de la plus forte jufqu'à la fin.

Pour faire le favon marbré, on fe fert de la foude en nature, du fulfate de cuivre ou vitriol bleu, du cinabre &c., felon la couleur qu'on veut obtenir.

On prépare encore un favon liquide (1) en traitant par ébullition une leffive de foude, de potaffe ou même de cendres avec les marcs des huiles d'olive, de noix, de navette, les graiffes, les huiles de poiffon, &c. ; & on en fait du favon noir ou verd. M. de Bullion a propofé de faire des favons avec les graiffes des animaux (2). L'on m'a affuré qu'un favant chymifte avoit une manufacture de cette efpece de favon en Angleterre. On fait du favon en Amérique avec la cire verte.

____

(1) Elém. de Chym. de M. Chaptal, T. II.
(2) Journ. de Phys.

Tous les acides & même l'acide carbonique décompofent le favon & en féparent l'huile en fe combinant avec l'alkali. Les fels à bafes terreufe ou métallique ont auffi cette propriété, mais c'eft par une double décompofition : pendant que l'acide s'unit avec l'alkali, l'huile fe combine avec la terre ou l'oxide métallique, & il réfulte de là des favons terreux & métalliques que j'ai dé-crits (1), & qui peut-être ne feront pas inutiles dans les arts.

Le principal ufage du favon en teinture eft pour le blanchiment de la foie. Il faut choifir pour cet objet un favon blanc, dur, & qui foit préparé avec l'huile d'olive; de là vient que le bon favon ne fe fabrique que dans les pays qui abondent en huile d'olive, tels que le Portugal, l'Efpagne, Marfeille.

Les anciens fe fervoient, pour dégraiffer les laines, d'une plante que Pline nomme *radicula* (2), & que l'on croit être notre faponaire, & pour le blanchiment des toiles ils faifoient ufage d'une plante qui paroît être une éfule.

-----

(1) Mém. de l'acad. 1780.
(2) Plin. libr. XIX, cap. III.

CHAPITRE X.

Du foufre.

LE foufre fe trouve combiné dans différents minéraux; mais celui dont on fait ufage fe retire principalement des terrains volcaniques, & fur-tout de la Solfatare auprès de Véfuve, où on le purifie & on le fait couler dans des moules qui lui donnent la forme fous laquelle on l'appelle *foufre à canon.*

Lorfque le foufre brûle lentement, il fe réduit en un acide volatil qui a une odeur très pénétrante & à laquelle on donne le nom d'acide fulfureux. Si on laiffe cet acide en contact avec une quantité fuffifante d'air atmofphérique dans un vaiffeau fermé, peu à peu toute la partie pure de l'air, c'eft à-dire l'oxygène s'abforbe, & l'acide fulfureux fe change en acide fulfurique, de forte que toute la différence qui fe trouve entre ces deux acides dépend de la proportion de l'oxygène & de l'état dans lequel l'oxygène fe trouve.

Dans l'acide fulfurique l'oxygène a perdu le calorique auquel il devoit fon état expanfif; mais dans l'acide fulfureux il en a retenu une partie aſſez conſidérable pour que la combinaiſon qu'il vient de former ſoit volatile & perde difficilement l'état élaſtique. Ainſi, dans le premier, l'oxygène eſt beaucoup plus concentré & beaucoup mieux combiné; mais dans le ſecond, ſon affinité ſe partage entre le calorique qu'il a retenu & le ſoufre. C'eſt à M. Lavoiſier qu'eſt due cette belle théorie de la nature & de la formation des acides.

L'acide ſulfurique agit ſur les parties colorantes comme les autres acides ; mais l'acide ſulfureux détruit pluſieurs couleurs, ſur-tout lorſqu'il eſt dans l'état gazeux.

C'eſt une propriété du gaz ſulfureux de faire diſparoître la couleur des parties colorantes avec leſquelles il ſe combine ; mais cette couleur reparoît ordinairement lorſqu'on le ſature d'un alkali : cependant la couleur ſe détruit avec le temps, parcequ'il s'y établit une combuſtion qui eſt ſemblable à celle que produiſent l'acide nitrique & l'acide muriatique oxygéné, & qui eſt due à la foibleſſe de l'adhérence de l'oxygène dans l'acide ſulfureux.

On ſe ſert du *ſoufrage* ou de l'expoſition aux vapeurs du ſoufre, pour donner aux ſoies qui ſont deſtinées aux étoffes blanches, ainſi qu'aux étoffes de laine le plus grand degré de blancheur auquel on puiſſe les amener.

Pour le ſoufrage, on choiſit une chambre iſolée & ſans cheminée, où l'on puiſſe, dans le beſoin, donner un courant d'air.

On met pour 100 livres de ſoies étendues ſur des perches, placées à 7 ou 8 pieds de hauteur, à-peu-près une livre & demie ou deux livres de ſoufre, réduit en poudre groſſiere dans une terrine ou dans une marmite de fer, au fond de laquelle on a mis un peu de cendre : on allume en pluſieurs endroits cette poudre ; on ferme bien la chambre pour empêcher que la vapeur du ſoufre ne ſe diſſipe : le lendemain on ouvre les fenêtres pour les laiſſer diſſiper & faire ſécher la ſoie ; mais en hiver, après que l'odeur du ſoufre eſt paſſée, on referme les fenêtres & on met de la braiſe allumée dans des réchaux pour faire ſécher la ſoie.

Cette opération procure non ſeulement une grande blancheur à la ſoie, mais elle lui donne en même temps du *cri* ou du *maniement* ; c'eſt-à-dire une eſpece de trémouſſement élaſtique qui ſe fait appercevoir lorſqu'on la preſſe entre ſes doigts.

Comme le maniement donne une certaine roideur aux foies, on ne doit pas foufrer celles qui font deftinées à faire de la moire, parcequ'elles réfifteroient trop aux impreffions de la calandre, fous laquelle on fait paffer les étoffes pour les moirer.

L'on ne peut également employer le foufrage pour les foies deftinées à la bonneterie, parcequ'elles corroderoient le fer & l'acier des métiers où on les travaille, & qu'elles produiroient de la rouille.

La foie qui a été foufrée prend mal la plupart des teintures, & fi on veut la teindre, il faut auparavant la défoufrer en la trempant & en la lifant à plufieurs reprifes dans l'eau chaude.

Quand la foie eft foufrée, fi l'on remarque qu'elle n'a point affez d'azur pour la nuance qu'on defire, il faut lui en donner une feconde fois fur de l'eau claire fans y mêler de favon, & après cela la foufrer une feconde fois.

Ces propriétés de la foie qui a été foufrée, font dues à l'acide fulfureux qui s'eft combiné avec elle, & dont on rend fenfible l'exiftence par le moyen de l'acide fulfurique ; car il en dégage auffitôt des vapeurs fulfureufes. Le foufrage des draps de laine s'exécute à-peu-près de la même maniere que celui de la foie ; mais il faut remarquer que fi cette opération ne fe fait pas avec attention, & que si la combustion du soufre se fait avec trop de rapidité, il se forme de l'acide sulfurique qui, se déposant en gouttelettes, corrode le drap, inconvénient qu'il est difficile d'éviter entièrement.

CHAPITRE XI.

De l'arsenic.

L'ARSENIC est un oxide métallique, qui se trouve dans le commerce en masses blanches, farineuses à leurs surfaces, & dans l'intérieur crystallines, transparentes & comme vitrifiées ; mais elles deviennent bientôt opaques quand elles sont exposées à l'air, & elles se réduisent peu à peu en une espece de farine, qui pourroit causer des accidents funestes si on la confondoit avec d'autres substances ; mais il est facile de la distinguer en en jetant un peu sur un charbon ardent ; elle se résout aussitôt en fumée épaisse, & répand une forte odeur d'ail. Si l'on augmente la proportion d'oxygène par le moyen de l'acide nitrique, cet oxide prend les caracteres d'un acide particulier, qu'on appelle arsénique ; si au contraire on lui

ôte

ôte l'oxygène en le pouſſant au feu avec des ſubſtances huileuſes, il ſe ſublime & prend la forme
d'un demi-métal.

L'oxide d'arſenic ſe diſſout dans quinze à vingt
parties d'eau bouillante, mais en beaucoup plus
petite quantité dans l'eau froide. L'on faiſoit autrefois un grand uſage de l'arſenic dans pluſieurs
teintures, & particulièrement dans celles des toiles
peintes ; mais l'on a reconnu ſon inutilité, & l'on
n'emploie plus cette ſubſtance vénéneuſe que dans
un très petit nombre de procédés, dans leſquels il
paroît même inutile. On peut cependant diſtinguer
la préparation dont on va parler.

L'alkali fixe a la propriété de ſe combiner avec
l'oxide d'arſenic , ainſi que l'a fait voir Macquer (1). Pour opérer cette combinaiſon, il faut
jeter l'oxide d'arſenic réduit en poudre dans une
diſſolution chaude & bien chargée d'alkali , juſqu'à ce qu'il ne s'en diſſolve plus : la liqueur devient d'une couleur brune & foncée, & acquiert
une conſiſtance ſemblable à de la colle forte. Cette
combinaiſon, en refroidiſſant, devient dure & caſſante ; mais elle attire l'humidité de l'air & redevient viſqueuſe. M. Vogler a obſervé qu'elle étoit
très propre à ſervir de mordant aux fils & cotons

____

(1) Mém. de l'acad. 1746.

Tome I.   **V.**

qu'on veut teindre en garance (1). Il se sert pour cette préparation, de la dissolution de potasse ordinaire ; d'autres emploient la potasse pure ou caustique (1).

L'orpiment est une combinaison de l'oxide d'arsenic avec le soufre, qui se trouve naturellement & que l'on peut imiter par l'art. Sa couleur tire d'autant plus sur le rouge qu'il y entre plus de soufre. On lui donne encore les noms d'*orpin*, d'*arsenic jaune* ou *rouge*, de *réalgal*, *de sandaraque*, *&c.* : l'orpiment ordinaire est composé, selon l'analyse nouvelle de M. Westrumb (3), sur 100 parties, de 20 parties de soufre, de 79 parties d'oxide d'arsenic & d'une partie de fer. Cette substance est employée dans quelques procédés de teinture, & particulièrement pour quelques cuves d'indigo.

---

(1) Ann. de Chym., T. IV, p. 122.
(2) Siefferts, versuche mit einheimischen farbematerien.
(3) Kleine Phys. chem. abbandlungen.

CHAPITRE XII.

Des eaux.

LA qualité des eaux est un objet essentiel pour les teintures ; mais il est peut-être moins important de faire connoître les effets nuisibles qu'elles peuvent produire, que de détruire les préjugés auxquels elles donnent souvent lieu.

Il est inutile de dire que les eaux qui servent à la teinture ne doivent pas être limonneuses ni contenir des substances corrompues ; que l'on ne doit pas se servir de celles qui sont assez chargées de principes étrangers pour être placées au nombre des eaux minérales, & que leur saveur fait distinguer assez facilement. Ces exceptions faites, les eaux agissent sur les parties colorantes, principalement par les sels à base terreuse qu'elles contiennent. Ces sels sont, le nitrate de chaux & de magnésie, le muriate de chaux & de magnésie, le sulfate de chaux, le carbonate de chaux & de magnésie.

Tous ces sels à base terreuse s'opposent à la dissolution des parties colorantes, en précipitent plufieurs efpeces par la combinaifon qui s’en fait avec la terre qu’ils contiennent, & rendent leur couleur plus foncée & fouvent pl s terne.

Le carbonate de chaux & cel i de magnéfie ont de plus l’inconvénient de fe précipiter par l’ébullition, qui chaffe l’excès de l’acide carbonique qui les tenoit en diffolution, de forte que ces terres s’appliquent fur les étoffes, les terniffent, & empêchent les parties colorantes d’y pénétrer.

Il eft donc important de reconnoître ces efpeces d’eaux qu’on appelle *dures* ou *crues* pour les éviter dans la plupart des teintures. Les chymiftes ont des moyens non feulement pour déterminer les différents principes qui font contenus dans les eaux, mais même pour affigner avec précifion la quantité de chacun; mais les procédés néceffaires pour cette analyfe exigent fouvent des connoiffances approfondies & une habitude d’expérience qu’on ne doit pas fuppofer dans ceux qui s’occupent de l’art des teintures : heureufement une épreuve triviale & facile eft fuffifante pour faire connoître fi une eau contient une quantité nuifible de ces fels; c’eft la diffolution du favon.

Tous les fels à bafe terreufe décompofent le favon par un double échange; leur terre s’unit avec l’huile pendant que leur acide fe combine avec l’alkali du favon; & de la combinaifon de l'huile & de la terre, réfulte un favon à bafe terreufe qui, étant infoluble dans l'eau, forme les caillots qu'on obferve alors (1).

Lors donc qu'une eau eft claire, qu'elle fe renouvelle, qu'elle n'a point de faveur fenfible, & qu'elle diffout bien le favon; on peut la regarder comme très propre aux teintures, & toutes celles qui ont ces qualités y font également propres.

Mais comme l'on n'eft pas toujours maître du choix des eaux, l'on a cherché les moyens de corriger celles qui étoient mauvaifes, du moins jufqu'à un certain point, particulièrement pour les teintures des couleurs délicates. Pour cela, on fait principalement ufage de l'eau dans laquelle on a fait aigrir du fon & qu'on appelle *eau fûre*.

Pour préparer l'eau fûre, on met vingt-quatre boiffeaux de fon dans une tonne ou cuve qui contient environ dix muids; on remplit d'eau une grande chaudiere, & lorfqu'elle eft près de l'ébullition, on la tranfvafe dans la tonne; il s'y établit promptement une fermentation acide, & au bout de vingt-quatre heures on peut s'en fervir.

Il me paroît que l'eau fûre agit en décompofant les carbonates de chaux & de magnéfie, que fon

____

(1) Mém. de l'acad. 1780.

acide plus fort que l'acide carbonique chaffe celui-ci : par là l'on évite le dépôt de la terre que j'ai dit fe former par l'ébullition.

L'on fait auffi bouillir des plantes mucilagineufes avec l'eau que l'on veut corriger, & il fe forme une écume que l'on enleve. Le mucilage fe coagule, & entraîne avec lui les terres qui fe féparent par l'ébullition, ainfi que celles qui pouvoient fe trouver fimplement mêlées avec l'eau & la troubler.

Les fels à bafe terreufe, qui font en général nuifibles dans la teinture, peuvent dans quelques cas lui être utiles, & fervir à modifier les couleurs; ainfi une eau qui en eft chargée peut donner une teinte de cramoifi à la couleur de la cochenille.

Comme l'eau d'une riviere peut contenir plus ou moins de fels à bafe terreufe, felon que fon lit fe trouve plus ou moins grand, il arrive quelquefois qu'en fuivant exactement le même procédé, on n'obtient la même nuance qu'à certaines époques, ou qu'on eft obligé de faire quelques modifications au procédé pour en obtenir le même réfultat, felon l'état où fe trouve la riviere.

Les eaux qui décompofent le favon & qui forment du favon calcaire font mauvaifes pour les blanchiments, non feulement par la perte du

favon qui fe décompofe inutilement, mais principalement, parceque le favon calcaire qui eft
infoluble dans l'eau, fe fixe fur l'étoffe, lui donne un
toucher gras, jaunit même avec le temps & fe
détache par la percuffion en petites écailles.

Fin du premier volume.